CCTB 中国文化和旅游皮书

中国非物质文化遗产传播蓝皮书

2025

中国非物质文化遗产保护协会　编著

中国旅游出版社

《中国非物质文化遗产传播蓝皮书2025》
编委会

目录

CONTENTS

传 播 篇

平 台 篇

观察篇

案 例 篇

传播篇

2024年度非遗传播数据

一、数据来源

本书数据来源主要有两个途径：一是基于全网大数据；二是基于抖音、快手和微博三家平台的闭源数据。其中，全网大数据是基于主流媒体报道传播数据和各平台提供的传播数据，通过大数据手段，从网媒、纸媒、论坛、博客、微博、微信、客户端等信息渠道提取数据。闭源数据是由抖音、快手和微博提供的各省份、城市、非遗活动等传播形式的作品量、播放量、转发量以及互动量。

二、评价体系

本书从地区非遗活动、非遗门类、非遗传承人、非遗事件等方面进行数据统计和分析总结。该评价指标体系是一个融合非遗项目、非遗大事件、非遗传承人的复杂动态的系统，能够直接反映2024年非遗传播的实际状况，也能体现传播媒介、传播形式等对非遗传承、保护和利用的潜在影响。评价指标体系的设置，遵循可获取性、规范性、科学性、可操作性的原则，从开源数据和闭源数据2个维度设置一级指标；在开源数据一级指标下，设置发文总量、社会情绪、互动声量、影响力值以及报道媒体5个二级指标，从客户端、视频、网站、评论数、点赞数、阅读数和粉丝数等维度设置22个三级指标；在闭源数据一级指标下，设置抖音、快手和微博数据为二级指标，将每个平台提供的作品量、播放量、转发量、互动量设置为三级指标。详细指标体系如表1所示。

表 1　2024 年度非遗传播指标体系

序号	一级指标	二级指标	三级指标
1	开源数据 80%	发文总量	客户端
2			视频
3			网站
4			微信
5			微博
6			互动论坛
7			数字报
8		社会情绪	敏感
9			中性
10			非敏感
11		互动声量	转发数
12			评论数
13			点赞数
14			阅读数
15		影响力值	发帖人数
16			粉丝数
17		报道媒体	央级
18			省级
19			地市
20			商业
21			企业资讯
22			中小
23	闭源数据 20%	抖音、快手、微博	作品量
24			播放量
25			转发量
26			互动量

三、评价方法

通过构建上述指标体系，对 2024 年非遗传播效果进行评估，结合多准则妥协解排序法和所得数据的特殊性，来反映年度非遗传播工作的总体效果。

VIKOR 方法是一种多标准决策（MCDM）或多标准决策分析方法。它最初由 Serafim Opricovic 开发，用于解决不同单位标准的决策问题。它通过对群体效用值、个体遗憾值、折中评价值计算，对多属性方案进行排序和选择的决策方法。该方法基于 Lp-metric 聚合函数，通过确定“正理想解”和“负理想解”，在数据全部解集中选择出最优解和最劣解，根据不同数值之间最优解和最劣解距离，即最优解最近、最劣解最远的标准，这一过程往往是各个属性之间进行折中让步，以便使得到的可行解，既能保证群体的最大利益，又能兼顾个体损失，它是由折中规划中的 L_p 测度衍生而来，L_p 测度可表示为：

$$L_P=\left\{\sum_{j=1}^{n}\left[\frac{w_j(f_j^*-f_{ji})}{(f_j^*-f_j^-)}\right]\right\}^{\frac{1}{p}}$$

其中，$1\leqslant p\leqslant\infty$，$i$=1，2，$m$，$w_j$ 为评价属性权重，f_j^* 与 f_j^- 分别表示正理想值与负理想值。

记

· M={1，2，…，m}，N={1，2，…，n}；

· C={C_1，C_2，…，C_n} 表示 n 个属性的集合，其中 C_j 表示第 j 个属性，$j\epsilon N$；

· w=（w_1，w_2，…，w_n）表示属性的权重向量，其中 w_j 为属性 C_j 的权重，满足 $w_j\geqslant 0$ 且 $\sum_{i=1}^{n}w_j=1$；

· x_{ij} 为方案 A_i 对于属性 C_j 的值。

其计算步骤为：

1. 指标标准化

标准化处理是为了消除量纲对最终结果的影响，使不同变量具有可比性。决策指标包含正向化指标和负向化指标。正向化指标，数值越大表示决策者对该项越满意；负向化指标，其数值越大表示决策者对该指标的满意度越低。

标准化处理公式：令 x_{ij} 为决策指标，r_{ij} 为指标标准化后的结果，则：若 x_{ij} 为正向指标，

$$r_{ij}=(x_{ij}-x_{ij}^-)/(x_{ij}^*-x_{ij}^-)$$

若 x_{ij} 为负向指标，

$$r_{ij}=(x_{ij}^{*}-x_{ij})/(x_{ij}^{*}-x_{ij}^{-})$$

其中，$x_{ij}^{*}=\max_1 \leqslant i \leqslant mx_{ij}$，$x_{ij}^{-}=\min_1 \leqslant i \leqslant mx_{ij}$。

确定群体效用（group utility）与个体遗憾（individual regret）

令 b_j^{*} 与 b_j^{-} 为标准化矩阵 Standard_Matrix 中每列的最大值和最小值，有

$$b_j^{*}=\max_{1 \leqslant i \leqslant m} b_{ij} \qquad b_j^{-}=\min_{1 \leqslant i \leqslant m} b_{ij}$$

计算群体效用值 S_i 和个体遗憾值 R_i。

$$S_i=\sum_{i=1}^{n} w_j(b_j^{*}-b_{ij})/(b_j^{*}-b_j^{-})$$

$$R_i=\max_{1 \leqslant i \leqslant m}[w_j(b_j^{*}-b_{ij})/(b_j^{*}-b_j^{-})]$$

2. 计算这种决策指标值

根据群体效用值与个体遗憾值的结果，在此基础上计算决策指标的值，指标值越小方案越优。

$$Q_i=v(S_i-S^{*})/(S^{-}-S^{*})+(1-v)(R_i-R^{*})/(R^{-}-R^{*})$$

其中，

$$S^{*}=\min_1 \leqslant i \leqslant mS_i,\ S^{-}=\max_1 \leqslant i \leqslant mS_i$$

$$R^{*}=\min_1 \leqslant i \leqslant mR_i,\ R^{*}=\max_1 \leqslant i \leqslant mR_i$$

v 表示决策机制系数，如果 $v>0.5$ 则表示根据最大化群体效应决策机制决策；

如果 $v<0.5$，则表示根据最小化个体遗憾值的决策机制决策；

如果 $v=0.5$，则表示根据协商达成最大群体效应和最小个体遗憾值同等重要的决策机制进行决策。

最终，由综合评价法得到的各方案的指标值权重如下。

表 2　2024 年度非遗传播指标体系权重明细

序号	一级指标	二级指标	三级指标	权重体系
1	开源数据 80%	发文总量	客户端	2.80%
2			视频	2.90%
3			网站	2.60%
4			微信	3.00%
5			微博	6.20%
6			互动论坛	3.30%
7			数字报	2.70%
8	开源数据 80%	社会情绪	敏感	0.60%
9			中性	2.70%
10			非敏感	2.70%
11		互动声量	转发数	5.90%
12			评论数	3.10%
13			点赞数	4.00%
14			阅读数	27.60%
15		影响力值	发帖人数	3.20%
16			粉丝数	3.20%
17		报道媒体	央级	4.90%
18			省级	6.20%
19			地市	3.30%
20			商业	3.30%
21			企业资讯	2.70%
22			中小	3.10%
23	闭源数据 20%	抖音、快手、微博	作品量	19.23%
24			播放量	30.65%
25			转发量	26.56%
26			互动量	23.56%

四、数据分析结果

由中国文化传媒集团研究院依托其自主知识产权系统“中传云”，以及新浪舆情通、百度指数、清博智能等各大舆情大数据平台，实现对中央新闻网站、行业媒体、各地各级主流媒体、商业网站、视频网站、微信、微博等平台年度非遗传播数据的抓取和汇集，实现对国家、省、市、县四级非遗名录认定的 10 万余项非遗代表性项目，9 万余名各级非遗传承人、重大非遗活动的传播大数据信息的实时监测，并在此基础上对 2024 年度非遗传播数据情况进行分析总结。

1. 非遗总体传播数据分析

全年非遗传播渠道丰富，传播量大，影响人群广泛。在中国文化传媒集团舆情监测系统，以 2024 年 1 月 1 日 0 时至 12 月 31 日 24 时为周期，以“非遗”“非物质文化遗产”为关键词进行信息检索发现，2024 全年非遗传播发文总量为 79770279 篇，较上年同期增长 8.87%。监测期内的舆情走势呈现波浪态势，高点出现于 2 月，年中和年末也有舆情小高峰（见图 1）。

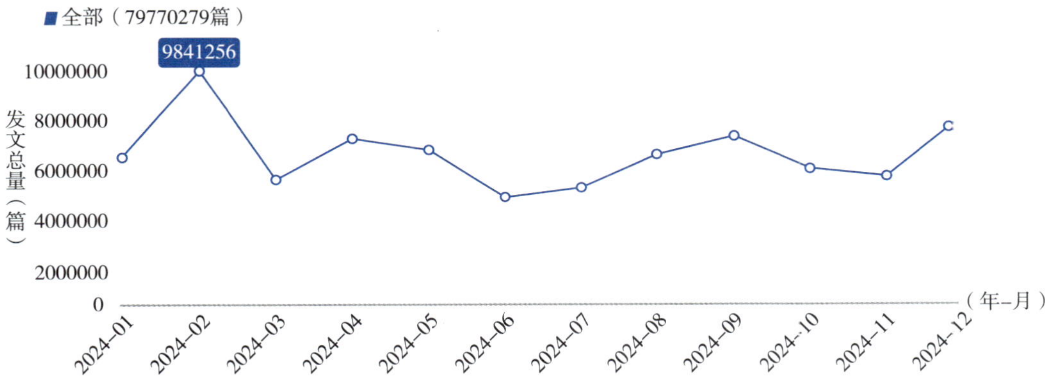

图 1　2024 年非遗传播走势

年初 1 ~ 2 月受元旦、春节和元宵节等节庆的影响，大型节庆活动 2024 年“欢欢喜喜过大年”系列活动、“龙年非遗大集”、2024 年“古城过大年”及“舞动中国龙”——龙舞大巡游等活动的影响，传播热度达到年度传播最高峰。

6 ~ 8 月，依托 2024 年“文化和自然遗产日”非遗宣传展示活动、第四届三亚南山非遗节、丹寨非遗系列活动、中国非遗面食大会等大型活动影响，非遗传播工作逐步呈现出第二个传播高峰。

9 ~ 10 月，2024 年“茶和天下　共享非遗”主题活动、第八届中国非物质文化遗产博览会和京津冀非物质文化遗产联展等活动陆续举办，将非遗传播拉到第三个传播高峰。

11～12月，首届“天府非遗周”、彭州非遗音乐大集等活动接连开展，使非遗传播达到第四个高峰。

基于2024年全年非遗汇总信息和平台监测数据，经综合计算，2024年全年与非遗相关的互动声量为1713.85亿次，环比增长8.95%。影响力值为68774.27亿，环比增长19.1%。报道媒体总数量共有143605家，环比增长4.07%。其中媒体报道信息7462179条，环比增长26.85%。非媒体报道信息72308100条，环比增长7.35%。综上所述，2024年非遗相关数据呈现全面增长态势。这充分表明非遗的受关注程度正不断提升，非遗在传播推广、社会影响力拓展以及大众参与互动等方面取得了显著进展，也反映出非遗传承事业发展势头良好。

从行政区划来看，省级行政区发文总量39000118篇，环比增长26.48%。互动声量为1710.85亿次，环比增长13.61%。影响力值为49700.03亿，环比增长3.8倍。报道媒体总数量为14853751家，环比增长26.47%。各省级行政区具体数据如表3所示（该表格按照首字母进行排序，此次数据不包含港澳台地区）。

表3　省级行政区开源传播数据统计

省级行政区名称	发文总量（篇）	社会情绪（个）	互动声量（亿次）	影响力值（亿）	报道媒体（家）
安徽省	3185528	3101271	48.95	1412.82	299507
北京市	3744744	3566200	170.37	5450.38	1168413
重庆市	1325982	1266100	54.23	1451.63	302613
福建省	1277648	1177226	56.89	1749.59	381097
甘肃省	603055	590295	41.25	1032.82	237718
广东省	1765690	1642400	69.86	2261.40	584373
广西壮族自治区	826247	776781	43.09	1263.70	264678
贵州省	1070363	1020400	60.24	1513.03	334940
海南省	575764	546122	38.43	878.81	196863
河北省	1263509	1216172	67.94	1754.48	359410
河南省	1325794	1232300	57.42	1933.27	402423

续表

省级行政区名称	发文总量（篇）	社会情绪（个）	互动声量（亿次）	影响力值（亿）	报道媒体（家）
黑龙江省	402468	377251	28.73	685.59	141193
湖北省	874279	801723	44.77	1332.21	296632
湖南省	1349905	1278000	68.92	1696.24	396744
吉林省	483099	454738	22.02	606.52	130739
江苏省	1390486	1301800	68.67	1964.68	467563
江西省	866607	818203	48.91	1267.00	279341
辽宁省	495670	461764	26.31	638.00	136568
内蒙古自治区	564136	542168	41.33	919.80	217462
宁夏回族自治区	261638	256433	18.05	429.01	102863
青海省	333558	328820	18.95	535.78	135280
山东省	1786295	1688000	75.18	2618.54	593103
山西省	1112781	1060646	48.86	1463.90	345476
陕西省	979331	928377	47.80	1271.76	289297
上海市	3248074	3130400	105.83	3486.93	770959
四川省	2735995	2629700	76.00	2595.02	480429
天津市	872214	832598	50.83	1290.81	278963
西藏自治区	286579	281648	20.14	520.13	115681
新疆生产建设兵团	122190	120289	1.91	96.28	28756
新疆维吾尔自治区	829594	804874	41.58	1309.98	306055
云南省	1249192	1172600	50.83	1440.51	344510
浙江省	1791703	1690600	96.58	2329.41	544556

从发文总量维度来看，北京市、上海市和安徽省位居前三名，省级行政区域的详细数据及分值前十位如表 4 所示。

表 4　省级行政区发文总量传播数据

序号	省级行政区名称	发文总量（篇）	发文总量分值
1	北京市	3744744	99.8
2	上海市	3248074	99.1
3	安徽省	3185528	98.4
4	四川省	2735995	97.7
5	浙江省	1791703	97.0
6	山东省	1786295	96.3
7	广东省	1765690	95.6
8	江苏省	1390486	94.9
9	湖南省	1349905	94.2
10	重庆市	1325982	93.5

从社会情绪维度来看，北京市、上海市和安徽省位居前三名，省级行政区域的详细数据及分值前十位如表 5 所示。

表 5　省级行政区社会情绪传播数据

序号	省级行政区名称	社会情绪（个）	社会情绪分值
1	北京市	3566200	99.8
2	上海市	3130400	99.1
3	安徽省	3101271	98.4
4	四川省	2629700	97.7
5	浙江省	1690600	97.0
6	山东省	1688000	96.3
7	广东省	1642400	95.6
8	江苏省	1301800	94.9
9	湖南省	1278000	94.2
10	重庆市	1266100	93.5

从互动声量维度来看，北京市、上海市和浙江省位居前三名，省级行政区域的详细

数据及分值前十位如表 6 所示。

表 6　省级行政区互动声量传播数据

序号	省级行政区名称	互动声量（亿次）	互动声量分值
1	北京市	170.37	99.8
2	上海市	105.83	99.1
3	浙江省	96.58	98.4
4	四川省	76.00	97.7
5	山东省	75.18	97.0
6	广东省	69.86	96.3
7	湖南省	68.92	95.6
8	江苏省	68.67	94.9
9	河北省	67.94	94.2
10	贵州省	60.24	93.5

从影响力维度来看，北京市、上海市和浙江省位居前三名，省级行政区域的详细数据及分值前十位如表 7 所示。

表 7　省级行政区影响力值传播数据

序号	省级行政区名称	影响力值（亿）	影响力值分值
1	北京市	5450.38	99.8
2	上海市	3486.93	99.1
3	浙江省	2829.41	98.4
4	山东省	2618.54	97.7
5	四川省	2595.02	97.0
6	广东省	2261.40	96.3
7	江苏省	1964.68	95.6
8	河南省	1933.27	94.9
9	河北省	1754.48	94.2
10	福建省	1749.59	93.5

从报道媒体数量维度来看，北京市、上海市和山东省位居前三名，省级行政区域的详细数据及分值前十位如表 8 所示。

表 8　省级行政区报道媒体数量传播数据

序号	省级行政区名称	报道媒体（家）	报道媒体数量分值
1	北京市	1168413	99.8
2	上海市	770959	99.1
3	山东省	593103	98.4
4	广东省	584373	97.7
5	浙江省	544556	97.0
6	四川省	480429	96.3
7	江苏省	467563	95.6
8	河南省	402423	94.9
9	湖南省	396744	94.2
10	福建省	381097	93.5

按照指标体系对各省（市）传播工作进行测算，其中前述开源数据得分占比 80%，闭源数据得分占比 20%，经综合测算北京市、山东省和浙江省名列前茅，省级行政区域的详细数据及分值前十位如表 9 所示。

表 9　省级行政区非遗传播数据综合分值表

序号	省级行政区名称	综合分值
1	北京市	97.75
2	山东省	96.64
3	浙江省	96.63
4	广东省	96.43
5	四川省	96.38
6	上海市	95.56
7	江苏省	94.85

续表

序号	省级行政区名称	综合分值
8	河南省	93.81
9	河北省	93.56
10	湖南省	93.06

所有城市[①]的发文量为78842844篇，环比增长2.2倍。互动声量为1732.41亿次，环比增长12.44%。影响力值为7799.61亿，环比增长4.06倍。报道媒体总数量共有13746146家，环比增长显著。各城市具体数据如表10所示（该表格仅展示综合评价分值前二十位的城市，此次数据不包含港澳台地区）。

表10 各城市开源传播数据统计表

序号	城市名称	发文总量（篇）	社会情绪（个）	互动声量（亿次）	影响力值（亿）	报道媒体（家）
1	成都市	7416600	7357400	12.92	4659.81	391311
2	广州市	2864641	2802600	12.90	3349.99	466763
3	杭州市	965943	907200	12.82	1387.26	309206
4	深圳市	2437777	2383500	8.63	2134.52	375671
5	苏州市	1903859	1855341	8.60	1123.95	250599
6	西安市	2307380	2265208	11.61	2313.67	302925
7	长沙市	1556113	1529882	6.88	1519.16	204705
8	福州市	1122443	1091345	5.52	1210.89	154332
9	南京市	884175	840641	9.51	1129.13	270902
10	青岛市	1258877	1233219	4.87	1056.03	190639
11	哈尔滨市	376008	342206	7.87	643.36	135711
12	郑州市	863874	311761	3.61	460.10	120792
13	佛山市	1187524	1176133	3.32	937.50	160937
14	武汉市	476180	460285	7.80	853.40	190679

① 中华人民共和国民政部官网－中华人民共和国行政区划统计表：http://xzqh.mca.gov.cn/statistics/2022.html

续表

序号	城市名称	发文总量（篇）	社会情绪（个）	互动声量（亿次）	影响力值（亿）	报道媒体（家）
15	昆明市	869796	832962	4.27	765.09	144553
16	贵阳市	4868569	4860554	4.00	746.37	96757
17	厦门市	966326	952847	4.01	761.30	141847
18	洛阳市	346929	324548	4.43	559.26	114590
19	泉州市	933081	925688	5.25	831.26	182702
20	南宁市	758353	745054	3.64	1363.01	103859

从发文总量维度来看，成都市、贵阳市和广州市位居前三名，城市的详细数据及分值前二十位如表 11 所示。

表 11　各城市发文总量传播数据

序号	城市名称	发文总量（篇）	发文总量分值
1	成都市	7416600	99.8
2	贵阳市	4868569	99.1
3	广州市	2864641	98.4
4	深圳市	2437777	97.7
5	西安市	2307380	97.0
6	苏州市	1903859	96.3
7	长沙市	1556113	95.6
8	黄山市	1329669	94.9
9	大理白族自治州	1300619	94.2
10	青岛市	1258877	93.5
11	宣城市	1216184	92.8
12	佛山市	1187524	92.1
13	福州市	1122443	91.4
14	厦门市	966326	90.7
15	杭州市	965943	90.0

续表

序号	城市名称	发文总量（篇）	发文总量分值
16	泉州市	933081	89.3
17	桂林市	896425	88.6
18	南京市	884175	87.9
19	昆明市	869796	87.2
20	郑州市	863874	86.5

从社会情绪维度来看，成都市、黔西南布依族苗族自治州和贵阳市位居前三名，城市的详细数据及分值前二十位如表 12 所示。

表 12　各城市社会情绪传播数据

序号	城市名称	社会情绪（个）	社会情绪分值
1	成都市	7357400	99.8
2	黔西南布依族苗族自治州	6125732	99.1
3	贵阳市	4860554	98.4
4	广州市	2802600	97.7
5	深圳市	2383500	97.0
6	西安市	2265208	96.3
7	苏州市	1855341	95.6
8	长沙市	1529882	94.9
9	黄山市	1323430	94.2
10	大理白族自治州	1285223	93.5
11	青岛市	1233219	92.8
12	宣城市	1213493	92.1
13	佛山市	1176133	91.4
14	济南市	1133734	90.7
15	福州市	1091345	90.0
16	厦门市	952847	89.3
17	泉州市	925688	88.6

续表

序号	城市名称	社会情绪（个）	社会情绪分值
18	杭州市	907200	87.9
19	桂林市	883766	87.2
20	南京市	840641	86.5

从互动声量维度来看，成都市、广州市和杭州市位居前三名，城市的详细数据及分值前二十位如表 13 所示。

表 13　各城市互动声量传播数据表

序号	城市名称	互动声量（亿次）	互动声量分值
1	成都市	12.92	99.8
2	广州市	12.90	99.1
3	杭州市	12.82	98.4
4	西安市	11.61	97.7
5	南京市	9.51	97.0
6	深圳市	8.63	96.3
7	苏州市	8.60	95.6
8	哈尔滨市	7.87	94.9
9	武汉市	7.80	94.2
10	长沙市	6.88	93.5
11	四平市	5.84	92.8
12	福州市	5.52	92.1
13	泉州市	5.25	91.4
14	济南市	5.21	90.7
15	青岛市	4.87	90.0
16	洛阳市	4.43	89.3
17	昆明市	4.27	88.6
18	黄山市	4.13	87.9
19	沈阳市	4.10	87.2
20	厦门市	4.01	86.5

从影响力值维度来看，成都市、广州市和西安市位居前三名，城市的详细数据及分值前二十位如表 14 所示。

表 14　各城市影响力值传播数据表

序号	城市名称	影响力值（亿）	影响力值分值
1	成都市	4659.81	99.8
2	广州市	3349.99	99.1
3	西安市	2313.67	98.4
4	深圳市	2134.52	97.7
5	济南市	1541.11	97.0
6	长沙市	1519.16	96.3
7	杭州市	1387.26	95.6
8	南宁市	1363.01	94.9
9	凉山彝族自治州	1339.34	94.2
10	福州市	1210.89	93.5
11	南京市	1129.13	92.8
12	苏州市	1123.95	92.1
13	青岛市	1056.03	91.4
14	佛山市	937.50	90.7
15	武汉市	853.40	90.0
16	泉州市	831.26	89.3
17	大理白族自治州	815.34	88.6
18	昆明市	765.09	87.9
19	厦门市	761.30	87.2
20	贵阳市	746.37	86.5

从报道媒体维度来看，广州市、成都市和深圳市位居前三名，城市的详细数据及分值前二十位如表 15 所示。

表 15 各城市报道媒体数量传播数据表

序号	城市名称	报道媒体（家）	报道媒体数量分值
1	广州市	466763	99.8
2	成都市	391311	99.1
3	深圳市	375671	98.4
4	杭州市	309206	97.7
5	西安市	302925	97.0
6	南京市	270902	96.3
7	苏州市	250599	95.6
8	济南市	207966	94.9
9	长沙市	204705	94.2
10	武汉市	190679	93.5
11	青岛市	190639	92.8
12	泉州市	182702	92.1
13	佛山市	160937	91.4
14	福州市	154332	90.7
15	昆明市	144553	90.0
16	厦门市	141847	89.3
17	哈尔滨市	135711	88.6
18	四平市	130743	87.9
19	淄博市	122857	87.2
20	郑州市	120792	86.5

按照指标体系对各城市的传播工作进行测算，其中前述开源数据得分占比 80%，闭源数据得分占比 20%，经综合测算，成都市、广州市和杭州市名列前茅，城市的详细数据及分值前二十位如表 16 所示。

表 16 各城市非遗传播数据综合分值表

序号	城市名称	综合分值
1	成都市	98.93
2	广州市	97.77

续表

序号	城市名称	综合分值
3	杭州市	94.89
4	深圳市	94.46
5	苏州市	94.41
6	西安市	94.06
7	长沙市	91.35
8	福州市	90.38
9	南京市	89.88
10	青岛市	87.87
11	哈尔滨市	85.12
12	郑州市	84.08
13	佛山市	83.75
14	武汉市	82.99
15	昆明市	82.62
16	贵阳市	82.23
17	厦门市	81.56
18	洛阳市	81.40
19	泉州市	80.72
20	南宁市	80.08

按照东部、西部、中部和东北部划分后，可以发现 2024 年度非遗传播工作的如下规律。

东部地区非遗传播数据遥遥领先。2024 年，东部地区非遗传播发文总量为 21586513 篇，环比增长 66.74%。互动声量为 762.14 亿次，环比降低 49.01%。影响力值为 23406.22 亿，环比增长 1.67 倍。报道媒体总数量为 5148437 家，环比增长 69.35 倍。东部地区在非遗传播上占据绝对优势，发文总量、互动声量、影响力值及媒体报道数量均位列第一，占比均接近或超过 48%。发文与媒体传播呈爆发式增长，这表明内容产出与媒体关注度显著提升，与政策推动、创作者涌入及重大传播事件相关。

西部地区非遗传播互动声量高。西部地区非遗传播发文总量为 11065670 篇，环比降低 14.68%。互动声量为 513.49 亿次，环比增长 5.61 倍。影响力值为 14283.17 亿，环比增长 23.54%。报道媒体总数量为 3131526 家，环比增长 42.73 倍。这表明西部互动声量实现突破，通过优化内容形式或精准触达用户，实现互动与影响力的有效提升。

中部地区非遗传播影响力迅速提升。2024 年中部地区非遗传播发文总量为 8714894 篇，环比增长 1.12 倍。互动声量为 317.82 亿次，环比增长 6.36 倍。影响力值为 9105.44 亿，环比增长 1.36 倍。报道媒体总数量为 2020123 家，环比增长 51.26 倍。中部地区非遗传播数据呈现出极为强劲的增长态势，彰显出非遗在中部地区的影响力正迅速提升。各项数据的大幅增长体现出非遗在中部地区呈现出良好的发展态势，未来有望在传承和创新方面取得更大突破。

东北部地区非遗传播数据全面上扬。2024 年东北部地区非遗传播发文总量为 1381237 篇，环比增长 69.12%。互动声量为 77.06 亿次，环比增长 2.97 倍。影响力值为 1930.11 亿，环比增长 3.11 倍。报道媒体总数量为 408500 家，环比增长 33.98 倍。数据显示出非遗在该区域的强劲发展势头与潜力，互动声量及影响力值的高速增长，表明非遗内容不仅引发公众兴趣，还在社会层面形成广泛辐射，冰雪旅游的高关注度，拉动东北部非遗受媒体关注度飙升，提升了其权威性与传播广度。

表 17　非遗传播活力值地区分布统计

区域	发文总量（篇）	互动声量（亿次）	影响力值（亿）	报道媒体数量（家）	发文总量占比	互动声量占比	影响力值占比	报道媒体数量占比
东部	21586513	762.14	23406.22	5148437	50.50%	45.62%	48.04%	48.08%
西部	11065670	513.49	14283.17	3131526	25.89%	30.74%	29.31%	29.24%
中部	8714894	317.82	9105.44	2020123	20.39%	19.03%	18.69%	18.86%
东北部	1381237	77.06	1930.11	408500	3.23%	4.61%	3.96%	3.81%
合计	42748314	1670.51	48724.94	10708586	100%	100%	100%	100%

2. 非遗传承人传播数据分析

非遗传承人作为文化传承的核心纽带，其传播影响力关乎非遗的存续与发展。本章节聚焦 2024 年各地区非遗传承人传播数据，以 2024 年 1 月 1 日 0 时至 12 月 31 日 24 时为周期，以“非遗”“非物质文化遗产”“传承人”为关键词进行信息检索发现，深度挖掘非遗传承人群体在数字化浪潮中的传播成效、区域差异及未来发展方向。监测到总信息 15585583 条，该时间段内峰值点在 9 月，共监测 3062336 条信息（见图 2）。

9 月受国庆 75 周年重大节庆活动的预热效应、2024 国庆各地非遗活动、中秋节民俗节庆活动及 2024 年“茶和天下　共享非遗”主题活动等活动拉动，非遗传承人群体的传播活跃度显著提升。在政策引导与公众文化消费需求增长的双重作用下，非遗传承人通过线上线下融合的传播模式，积极参与节庆主题非遗展演、文化体验活动及媒体专题报道。形成了以传承人为主角、非遗为载体的传播热潮，有效增强了非遗的社会关注度与传承活力。

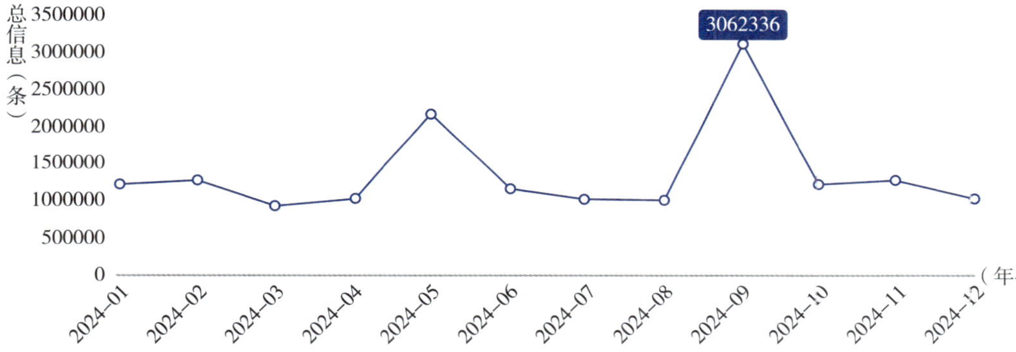

图 2　2024 年非遗传承人传播走势

基于 2024 年全年非遗汇总信息和平台监测数据，经综合计算，2024 年全年与非遗传承人相关的互动声量为 57.94 亿次，环比增长 31.29%。影响力值为 13894.61 亿，环比增长 95.18%。报道媒体总数量共有 87989 家，环比增长 10.53%。数据表明，2024 年非遗传承人传播效果实现跨越式提升。通过新媒体平台及多元传播形式，促进非遗与公众的情感联结显著增强，有效激发大众参与热情；在社交媒体裂变传播与权威媒体深度报道的协同作用下，非遗影响力持续扩大，覆盖群体及传播范围创新高。

3. 非遗项目类别传播数据分析

在中国文化传媒集团舆情监测系统，以 2024 年 1 月 1 日 0 时至 12 月 31 日 24 时为周期，用非遗十大类别进行关键词检索后发现，监测到总信息 15786892 条，环比增长 35.78 倍。从信息走势情况看，该时间段内峰值点在 2 月，共监测 2622031 条信息，年中和年末也有舆情小高峰（见图 3）。

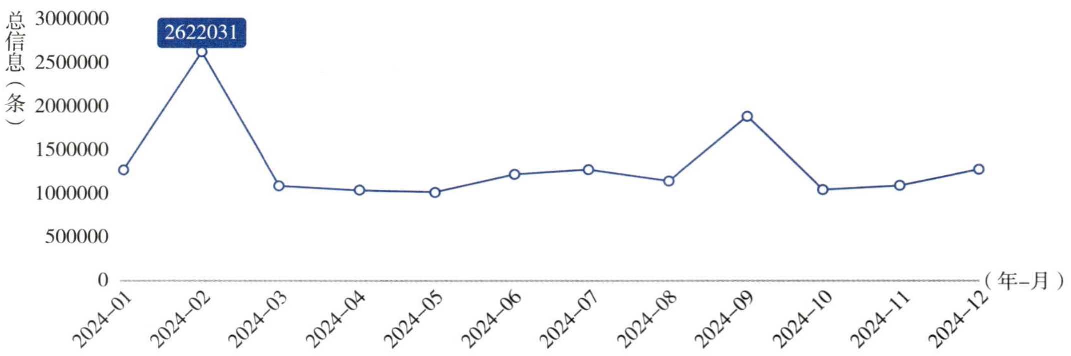

图 3　2024 年非遗传播走势

2 月前后，依托春节、元宵节等传统佳节的带动作用，曲艺、传统戏剧、民俗等类别的非遗传播效果极佳，舆情到达年度最高峰。

通过大数据手段获取的各类别具体数据如表 18 所示。

表 18　非遗各类别开源传播数据统计

序号	门类名称	发文总量（篇）	社会情绪（个）	互动声量（亿次）	影响力值（亿）	报道媒体（家）
1	民间文学	148382	147024	0.54	166.78	9038
2	传统音乐	308790	306739	0.89	291.49	12407
3	传统舞蹈	372181	370242	0.91	275.63	12086
4	传统戏剧	230042	226617	1.11	507.58	11847
5	曲艺	1530584	1499573	4.46	1762.33	34787
6	传统体育、游艺与杂技	39530	39045	0.11	43.52	3374
7	传统美术	157445	156632	0.43	214.44	9050
8	传统技艺	1552825	1535523	6.39	2024.99	40560
9	传统医药	1064221	1061530	0.44	154.13	8177
10	民俗	10962985	11744400	41.44	11400.95	82647

从发文总量维度来看，民俗、传统技艺和曲艺位居前三名，十大类别的详细数据及分值如表 19 所示。

表 19　十大类别发文总量传播数据

序号	门类名称	发文总量（篇）	总量分值
1	民俗	10962985	99.8
2	传统技艺	1552825	98.6
3	曲艺	1530584	97.4
4	传统医药	1064221	96.2
5	传统舞蹈	372181	95.0
6	传统音乐	308790	93.8
7	传统戏剧	230042	92.6
8	传统美术	157445	91.4
9	民间文学	148382	90.2
10	传统体育、游艺与杂技	39530	89.0

从社会情绪维度来看，民俗、传统技艺和曲艺位居前三名，十大类别的详细数据及分值如表 20 所示。

表 20　十大类别社会情绪传播数据

序号	门类名称	社会情绪（个）	社会情绪分值
1	民俗	11744400	99.8
2	传统技艺	1535523	98.6
3	曲艺	1499573	97.4
4	传统医药	1061530	96.2
5	传统舞蹈	370242	95.0
6	传统音乐	306739	93.8
7	传统戏剧	226617	92.6
8	传统美术	156632	91.4
9	民间文学	147024	90.2
10	传统体育、游艺与杂技	39045	89.0

从互动声量维度来看，民俗、传统技艺和曲艺位居前三名，十大类别的详细数据及分值如表 21 所示。

表 21　十大类别互动声量传播数据

序号	门类名称	互动声量（亿次）	互动声量分值
1	民俗	41.44	99.8
2	传统技艺	6.39	98.6
3	曲艺	4.46	97.4
4	传统戏剧	1.11	96.2
5	传统舞蹈	0.91	95.0
6	传统音乐	0.89	93.8
7	民间文学	0.54	92.6
8	传统医药	0.44	91.4
9	传统美术	0.43	90.2
10	传统体育、游艺与杂技	0.11	89.0

从影响力值维度来看，民俗、传统技艺和曲艺位居前三名，十大类别的详细数据及分值如表 22 所示。

表 22　十大类别影响力值传播数据

序号	门类名称	影响力值（亿）	影响力值分值
1	民俗	11400.95	99.8
2	传统技艺	2024.99	98.6
3	曲艺	1762.33	97.4
4	传统戏剧	507.58	96.2
5	传统音乐	291.49	95.0
6	传统舞蹈	275.63	93.8
7	传统美术	214.44	92.6
8	民间文学	166.78	91.4
9	传统医药	154.13	90.2
10	传统体育、游艺与杂技	43.52	89.0

从报道媒体数量维度来看，民俗、传统技艺和曲艺位居前三名，十大类别的详细数据及分值如表 23 所示。

表 23　十大类别报道媒体传播数据

序号	门类名称	报道媒体（家）	报道媒体分值
1	民俗	82647	99.8
2	传统技艺	40560	98.6
3	曲艺	34787	97.4
4	传统音乐	12407	96.2
5	传统舞蹈	12086	95.0
6	传统戏剧	11847	93.8
7	传统美术	9050	92.6
8	民间文学	9038	91.4
9	传统医药	8177	90.2
10	传统体育、游艺与杂技	3374	89.0

按照指标体系对各类别传播工作进行测算，其中前述开源数据得分占比 80%，闭源数据得分占比 20%，经综合测算，民俗、传统技艺和曲艺名列前茅，十大类别的详细数据及分值如表 24 所示。

表 24　各类别非遗传播数据综合分值

序号	门类名称	综合分值
1	民俗	99.80
2	传统技艺	98.60
3	曲艺	97.40
4	传统舞蹈	94.92
5	传统戏剧	94.57
6	传统音乐	94.44
7	传统医药	92.46
8	民间文学	91.53
9	传统美术	91.27
10	传统体育、游艺与杂技	89.00

由上述数据可见，民俗类在传播效果上呈现出绝对的优势，处于领先地位。在发文

总量、社会情绪、互动声量、影响力值和媒体报道数量上均占有绝对优势。这反映出民众对民俗文化有着极高的情感投入和关注度，无论是正面的喜爱、传承之情，还是对民俗文化发展的思考等情绪都在促进民俗类非遗的传播。像春节、端午等传统民俗节日，一直是大众热议的话题，短视频等新媒体平台对传统习俗讲解，对节庆活动等内容进行分享，吸引了大量民众参与讨论和互动。

传统技艺与曲艺传播势头亦持续保持领先。当前制茶、制瓷、刺绣等传统技艺，通过纪录片、文化展览等形式逐渐走入大众视野、走出国门推向全球，吸引了国内外众多民众对传统技艺的学习和传承。像相声、评书等曲艺形式，近年来通过举办曲艺专场演出、在网络平台上发布短视频等方式，不断扩大受众群体。

传统音乐、传统舞蹈、传统戏剧三大类别通过文艺演出、旅游表演、音乐节目、文化交流活动等形式得到传播，加之近年来京剧、越剧等传统戏剧，通过戏曲进校园、线上戏曲直播以及知名演员参加热门综艺等方式，让更多人尤其是年青一代了解和接触传统戏剧。

传统医药，民间文学，传统美术，传统体育、游艺与杂技四大类传播效果有待提升。由于现代医学的普及，传统医药类非遗的应用范围有所减少，其传播活力受到一定影响，但中医针灸、中药等传统医药内容也在逐渐通过科普文章、养生节目等形式传播。民间文学类别中的一些经典故事，如牛郎织女、梁祝传说等通过影视改编、网络文学等形式得到传播，吸引了不同年龄段的读者和观众。像国画、剪纸等传统美术形式，通过艺术展览、文创产品开发等方式进行传播，让传统美术走进大众生活。传统体育、游艺与杂技类别中，民众对太极、少林功夫、赛龙舟等有较高的认知度，但一些活动因技术难度大、受众群体小等原因，传播面临一定挑战。

综合来看，各传统门类在传播方面存在较大差异。对于传播效果较好的民俗、传统技艺等门类，可以进一步挖掘其文化内涵，创新传播形式，保持良好的传播态势。而对于传播相对较弱的传统体育、游艺与杂技等门类，需要加大传播投入，利用新媒体平台进行推广，举办相关活动吸引大众参与，提高其社会关注度和影响力，促进非遗的全面传承和发展。

2024年度非遗重点活动

本书按照“客观记事、突出重点、抓大放小、提纲挈领”的原则，全面梳理2024年度中国非遗保护工作中的重要活动。入选的事件主要根据媒体公开报道整理汇总，来源于文化和旅游部政府门户网站、各地文化和旅游厅（局）网站及各类官方网站，中央重点新闻媒体及各省官方媒体中有关非遗活动事件的报道。除了全面梳理年度非遗事件外，还通过中国文化传媒集团“中传云”以及其他大数据手段，从网媒、纸媒、论坛、博客、微博、微信、客户端等信息渠道进行了信息采集，加之由快手、抖音提供的非遗活动、非遗传承人、非遗相关直播等数据，对非遗事件相关新闻报道的数量进行了统计，全方位、立体化、多角度地呈现所收录非遗事件的传播情况和影响力。在汇编过程中，注重选取成绩显著、社会影响广泛的代表性的重大活动，深入总结非遗保护领域的创新性探索思路和做法，广泛吸收对全国非遗保护传承具有示范效应的典型工作经验，积极引导全社会参与非遗保护传承，营造“见人见物见生活”的浓厚氛围。此次重点活动内容涵盖文化和旅游部、全国各地各级主管部门以及相关单位与非遗相关的重大事件，共计271件。采用2024年度非遗传播指标体系进行传播综合计算，依据传播数据和分值得出2024年度“特别致敬非遗活动”10项，2024年度“最具传播影响力非遗活动”20项。

一、特别致敬非遗活动

为突出国家部委、省级人民政府主办非遗活动的重要影响力，彰显其重要性和指导性，特将此类活动单独归类，设置年度“特别致敬非遗活动”列表。列表以国家部委、省级人民政府2024年度主办的非遗活动以及多部委联合发起、全国各地普遍参与的非遗活动为监测对象，以全年非遗传播大数据为基本依据，综合媒体报道量、网民互动量、信息声量等维度进行排序，参考重要性、典型性、创新性等因素，各项活动开源数据排列前十位如表 1 所示（该表格按活动发生时间顺序进行排序）。

表 1　特别致敬非遗活动开源传播数据统计表

序号	事件	发生时间	发文总量（篇）	社会情绪（个）	互动声量（次）	影响力值（亿）	报道媒体数量（家）
1	2024 年“文化进万家——视频直播家乡年”活动	01 月	10988	10908	17017113	21.30	5562
2	“海丝起点　清新福建——非物质文化遗产展演”活动	01 月	6574	6441	6063210	119.20	2931
3	“欢欢喜喜过大年”2024 年春节主题活动	01 月	193088	179397	277376900	360.52	82337
4	“广西三月三・八桂嘉年华”活动	04 月	4982	4958	1220600	0.64	4651
5	2024 年“文化和自然遗产日”非遗宣传展示活动	06 月	108561	108100	97484835	125.31	44946
6	2024 屈原故里端午文化节	06 月	8226	8180	20459523	20.40	4497
7	第十四届中俄文化大集活动	06 月	2575	2443	2481842	4.53	879
8	2024“新疆是个好地方”对口援疆非遗展示活动	08 月	3574	3564	1833233	85.30	1882
9	2024 年“茶和天下　共享非遗”主题活动	09 月	44054	40816	2397800	23.92	2441
10	第八届中国非物质文化遗产博览会	10 月	43105	42880	12831500	32.13	9335

从发文总量维度来看，“欢欢喜喜过大年”2024 年春节主题活动、2024 年“文化和自然遗产日”非遗宣传展示活动和 2024 年“茶和天下　共享非遗”主题活动位居前三名，各项活动的详细数据及分值前十位如表 2 所示。

表 2　特别致敬非遗活动发文总量传播数据表

序号	事件	发生时间	发文总量（篇）	发文总量分值
1	“欢欢喜喜过大年”2024 年春节主题活动	01 月	193088	99.8

续表

序号	事件	发生时间	发文总量（篇）	发文总量分值
2	2024 年“文化和自然遗产日”非遗宣传展示活动	06 月	108561	99.1
3	2024 年“茶和天下　共享非遗”主题活动	09 月	44054	98.4
4	第八届中国非物质文化遗产博览会	10 月	43105	97.7
5	2024 年“文化进万家——视频直播家乡年”活动	01 月	10988	97.0
6	2024 届原故里端午文化节	06 月	8226	96.3
7	“海丝起点　清新福建——非物质文化遗产展演”活动	01 月	6574	95.6
8	“广西三月三·八桂嘉年华”活动	04 月	4982	94.9
9	2024“新疆是个好地方”对口援疆非遗展示活动	08 月	3574	94.2
10	第十四届中俄文化大集活动	06 月	2575	93.5

从社会情绪维度来看，“欢欢喜喜过大年”2024 年春节主题活动、2024 年“文化和自然遗产日”非遗宣传展示活动和第八届中国非物质文化遗产博览会位居前三名，各项活动的详细数据及分值如表 3 所示。

表 3　特别致敬非遗活动社会情绪传播数据表

序号	事件	发生时间	社会情绪（个）	社会情绪分值
1	“欢欢喜喜过大年”2024 年春节主题活动	01 月	179397	99.8
2	2024 年“文化和自然遗产日”非遗宣传展示活动	06 月	108100	99.1
3	第八届中国非物质文化遗产博览会	10 月	42880	98.4
4	2024 年“茶和天下　共享非遗”主题活动	09 月	40816	97.7
5	2024 年“文化进万家——视频直播家乡年”活动	01 月	10908	97.0
6	2024 届原故里端午文化节	06 月	8180	96.3
7	“海丝起点　清新福建——非物质文化遗产展演”活动	01 月	6441	95.6
8	“广西三月三·八桂嘉年华”活动	04 月	4958	94.9
9	2024“新疆是个好地方”对口援疆非遗展示活动	08 月	3564	94.2
10	第十四届中俄文化大集活动	06 月	2443	93.5

从互动声量维度来看，“欢欢喜喜过大年”2024 年春节主题活动、2024 年“文化和

自然遗产日”非遗宣传展示活动和2024届原故里端午文化节位居前三名，各项活动的详细数据及分值如表4所示。

表4　特别致敬非遗活动互动声量传播数据表

序号	事件	发生时间	互动声量（次）	互动声量分值
1	“欢欢喜喜过大年”2024年春节主题活动	01月	277376900	99.8
2	2024年“文化和自然遗产日”非遗宣传展示活动	06月	97484835	99.1
3	2024届原故里端午文化节	06月	20459523	98.4
4	2024年“文化进万家——视频直播家乡年”活动	01月	17017113	97.7
5	第八届中国非物质文化遗产博览会	10月	12831500	97.0
6	“海丝起点　清新福建——非物质文化遗产展演”活动	01月	6063210	96.3
7	第十四届中俄文化大集活动	06月	2481842	95.6
8	2024年“茶和天下　共享非遗”主题活动	09月	2397800	94.9
9	2024“新疆是个好地方”对口援疆非遗展示活动	08月	1833233	94.2
10	“广西三月三·八桂嘉年华”活动	04月	1220600	93.5

从影响力维度来看，“欢欢喜喜过大年”2024年春节主题活动、2024年“文化和自然遗产日”非遗宣传展示活动和“海丝起点　清新福建——非物质文化遗产展演”活动位居前三名，各项活动的详细数据及分值如表5所示。

表5　特别致敬非遗活动影响力传播数据表

序号	事件	发生时间	影响力值（亿）	影响力值分值
1	“欢欢喜喜过大年”2024年春节主题活动	01月	360.52	99.8
2	2024年“文化和自然遗产日”非遗宣传展示活动	06月	125.31	99.1
3	“海丝起点　清新福建——非物质文化遗产展演”活动	01月	119.20	98.4
4	2024“新疆是个好地方”对口援疆非遗展示活动	08月	85.30	97.7

续表

序号	事件	发生时间	影响力值（亿）	影响力值分值
5	第八届中国非物质文化遗产博览会	10 月	32.13	97.0
6	2024 年“茶和天下　共享非遗”主题活动	09 月	23.92	96.3
7	2024 年“文化进万家——视频直播家乡年”活动	01 月	21.30	95.6
8	2024 届原故里端午文化节	06 月	20.40	94.9
9	第十四届中俄文化大集活动	06 月	4.53	94.2
10	“广西三月三·八桂嘉年华”活动	04 月	0.64	93.5

从报道媒体数量维度来看，“欢欢喜喜过大年”2024 年春节主题活动、2024 年“文化和自然遗产日”非遗宣传展示活动和第八届中国非物质文化遗产博览会位居前三名，各项活动的详细数据及分值如表 6 所示。

表 6　特别致敬非遗活动报道媒体数量传播数据表

序号	事件	发生时间	报道媒体数量（家）	报道媒体数量分值
1	“欢欢喜喜过大年”2024 年春节主题活动	01 月	82337	99.8
2	2024 年“文化和自然遗产日”非遗宣传展示活动	06 月	44946	99.1
3	第八届中国非物质文化遗产博览会	10 月	9335	98.4
4	2024 年“文化进万家——视频直播家乡年”活动	01 月	5562	97.7
5	“广西三月三·八桂嘉年华”活动	04 月	4651	97.0
6	2024 届原故里端午文化节	06 月	4497	96.3
7	“海丝起点　清新福建——非物质文化遗产展演”活动	01 月	2931	95.6
8	2024 年“茶和天下　共享非遗”主题活动	09 月	2441	94.9
9	2024“新疆是个好地方”对口援疆非遗展示活动	08 月	1882	94.2
10	第十四届中俄文化大集活动	06 月	879	93.5

按照指标体系对特别致敬非遗活动的传播工作进行测算，其中前述开源数据得分占比 80%，闭源数据得分占比 20%，经综合测算，各项活动的详细数据及分值如表 7 所示。

表 7　非遗传播数据综合分值表

序号	事件	发生时间	综合分值
1	“欢欢喜喜过大年”2024 年春节主题活动	01 月	98.32
2	2024 年“文化和自然遗产日”非遗宣传展示活动	06 月	98.22
3	第八届中国非物质文化遗产博览会	10 月	97.39
4	2024 届原故里端午文化节	06 月	96.81
5	2024 年“文化进万家——视频直播家乡年”活动	01 月	96.59
6	“海丝起点　清新福建——非物质文化遗产展演”活动	01 月	95.38
7	2024 年“茶和天下　共享非遗”主题活动	09 月	95.21
8	“广西三月三・八桂嘉年华”活动	04 月	95.02
9	2024“新疆是个好地方”对口援疆非遗展示活动	08 月	94.86
10	第十四届中俄文化大集活动	06 月	94.07

二、最具传播影响力非遗活动

为充分展示非遗传播活动的丰富性、多样性、代表性，将除国家部委、省级人民政府主办的非遗活动之外，对各地、各机构主办的活动进行大数据采集，设置年度“最具传播影响力非遗活动”列表，列表以全国各地、各机构在 2024 年度主办的丰富多样的非遗活动为监测对象，以全年非遗传播大数据为基本依据，综合媒体报道量、网民互动量、信息声量等维度进行排序，参考重要性、典型性、创新性等因素，其开源数据排列前二十位如表 8 所示（该表格按活动发生时间顺序进行排序）。

表 8　最具传播影响力非遗活动开源传播数据统计表

序号	事件	发生时间	发文总量（篇）	社会情绪（个）	互动声量（次）	影响力值（亿）	报道媒体数量（家）
1	2024“点亮中国灯”——龙年灯会灯彩迎新春全国主会场活动	01 月	14551	14544	13558859	16.59	3533
2	全国“古城过大年”活动	01 月	14373	14263	35117138	37.65	7999
3	龙年非遗大集	02 月	63134	62839	30597412	133.89	10341
4	2024 年山东省非物质文化遗产月	02 月	7018	7003	4296899	8.73	2426
5	“舞动中国龙”——龙舞大巡游	02 月	18483	18088	32513675	61.45	6467
6	2024“二月二”老龙头全国舞龙大会	03 月	14478	14404	11254200	41.38	2278
7	2024 年大理白族自治州“三月街”民族节	04 月	53773	52845	7828200	19.07	4226
8	陕西省首届非遗发展大会	04 月	3033	3027	2936308	3.77	1286
9	2024“国际茶日”主题系列活动	05 月	22152	21778	40780777	25.27	8090
10	气象万千——中国非遗保护实践主题展	06 月	10527	10516	12664600	21.06	4373
11	第四届三亚南山非遗节	06 月	6278	6262	3988200	9.57	741
12	第二届中国非物质文化遗产保护年会	07 月	61048	60816	60397800	83.92	2441
13	2024 年丹寨非遗系列活动	07 月	16982	16722	1538200	4.48	1201
14	2024 中国非遗面食大会	08 月	7514	7048	1414222	11.93	1687
15	第三届湖南非遗博览会	09 月	4166	4144	1871940	9.65	1931
16	京津冀非物质文化遗产联展	09 月	9755	9708	2209600	11.17	1381
17	首届黄河非遗美食月	09 月	2067	2040	1603301	2.42	503
18	2024 非遗影像展	10 月	86295	86306	15694200	10.17	2453
19	首届“天府非遗周”活动	11 月	220132	216026	31167100	154.56	4488
20	“激情彭州·龙兴龘龘”彭州非遗音乐大集	11 月	3969	3950	8993656	6.63	633

从发文总量维度来看，首届“天府非遗周”活动、2024 非遗影像展和龙年非遗大集位居前三名，各项活动的详细数据及分值如表 9 所示。

表 9　最具传播影响力非遗活动发文总量传播数据表

序号	事件	发生时间	发文总量（篇）	发文总量分值
1	首届“天府非遗周”活动	11 月	220132	99.8
2	2024 非遗影像展	10 月	86295	99.1
3	龙年非遗大集	02 月	63134	98.4
4	第二届中国非物质文化遗产保护年会	07 月	61048	97.7
5	2024 年大理白族自治州“三月街”民族节	04 月	53773	97.0
6	2024“国际茶日”主题系列活动	05 月	22152	96.3
7	“舞动中国龙”——龙舞大巡游	02 月	18483	95.6
8	2024 年丹寨非遗系列活动	07 月	16982	94.9
9	2024“点亮中国灯”——龙年灯会灯彩迎新春全国主会场活动	01 月	14551	94.2
10	2024“二月二”老龙头全国舞龙大会	03 月	14478	93.5
11	全国“古城过大年”活动	01 月	14373	92.8
12	气象万千——中国非遗保护实践主题展	06 月	10527	92.1
13	京津冀非物质文化遗产联展	09 月	9755	91.4
14	2024 中国非遗面食大会	08 月	7514	90.7
15	2024 年山东省非物质文化遗产月	02 月	7018	90.0
16	第四届三亚南山非遗节	06 月	6278	89.3
17	第三届湖南非遗博览会	09 月	4166	86.5
18	“激情彭州・龙兴龘龘”彭州非遗音乐大集	11 月	3969	85.1
19	陕西省首届非遗发展大会	04 月	3033	82.3
20	首届黄河非遗美食月	09 月	2067	80.2

从社会情绪维度来看，首届“天府非遗周”活动、2024 非遗影像展和龙年非遗大集位居前三名，各项活动的详细数据及分值如表 10 所示。

表 10　最具传播影响力非遗活动社会情绪传播数据表

序号	事件	发生时间	社会情绪（个）	社会情绪分值
1	首届“天府非遗周”活动	11 月	216026	99.8
2	2024 非遗影像展	10 月	86306	99.1
3	龙年非遗大集	02 月	62839	98.4
4	第二届中国非物质文化遗产保护年会	07 月	60816	97.7
5	2024 年大理白族自治州“三月街”民族节	04 月	52845	97.0
6	2024“国际茶日”主题系列活动	05 月	21778	96.3
7	“舞动中国龙”——龙舞大巡游	02 月	18088	95.6
8	2024 年丹寨非遗系列活动	07 月	16722	94.9
9	2024“点亮中国灯”——龙年灯会灯彩迎新春全国主会场活动	01 月	14544	94.2
10	2024“二月二”老龙头全国舞龙大会	03 月	14404	93.5
11	全国“古城过大年”活动	01 月	14263	92.8
12	气象万千——中国非遗保护实践主题展	06 月	10516	92.1
13	京津冀非物质文化遗产联展	09 月	9708	91.4
14	2024 中国非遗面食大会	08 月	7048	90.7
15	2024 年山东省非物质文化遗产月	02 月	7003	90.0
16	第四届三亚南山非遗节	06 月	6262	89.3
17	第三届湖南非遗博览会	09 月	4144	86.5
18	“激情彭州·龙兴龘龘”彭州非遗音乐大集	11 月	3950	85.1
19	陕西省首届非遗发展大会	04 月	3027	81.6
20	首届黄河非遗美食月	09 月	2040	79.5

从互动声量维度来看，第二届中国非物质文化遗产保护年会、2024“国际茶日”主题系列活动和全国“古城过大年”活动位居前三名，各项活动的详细数据及分值如表 11 所示。

表 11　最具传播影响力非遗活动互动声量传播数据表

序号	事件	发生时间	互动声量（次）	互动声量分值
1	第二届中国非物质文化遗产保护年会	07 月	60397800	99.1
2	2024“国际茶日”主题系列活动	05 月	40780777	98.4
3	全国“古城过大年”活动	01 月	35117138	97.7
4	“舞动中国龙”——龙舞大巡游	02 月	32513675	97.0
5	首届“天府非遗周”活动	11 月	31167100	96.3
6	龙年非遗大集	02 月	30597412	95.6
7	2024 非遗影像展	10 月	15694200	94.9
8	2024“点亮中国灯”——龙年灯会灯彩迎新春全国主会场活动	01 月	13558859	94.2
9	气象万千——中国非遗保护实践主题展	06 月	12664600	93.5
10	2024“二月二”老龙头全国舞龙大会	03 月	11254200	92.8
11	“激情彭州·龙兴龘龘”彭州非遗音乐大集	11 月	8993656	92.1
12	2024 年大理白族自治州“三月街”民族节	04 月	7828200	91.4
13	2024 年山东省非物质文化遗产月	02 月	4296899	90.7
14	第四届三亚南山非遗节	06 月	3988200	90.0
15	陕西省首届非遗发展大会	04 月	2936308	87.2
16	京津冀非物质文化遗产联展	09 月	2209600	83.0
17	第三届湖南非遗博览会	09 月	1871940	80.2
18	首届黄河非遗美食月	09 月	1603301	76.7
19	2024 年丹寨非遗系列活动	07 月	1538200	75.3
20	2024 中国非遗面食大会	08 月	1414222	70.4

从影响力维度来看，首届“天府非遗周”活动、龙年非遗大集和第二届中国非物质文化遗产保护年会位居前三名，各项活动的详细数据及分值如表 12 所示。

表 12　最具传播影响力非遗活动影响力传播数据表

序号	事件	发生时间	影响力值（亿）	影响力值分值
1	首届“天府非遗周”活动	11 月	154.56	99.8
2	龙年非遗大集	02 月	133.89	99.1
3	第二届中国非物质文化遗产保护年会	07 月	83.92	98.4
4	“舞动中国龙”——龙舞大巡游	02 月	61.45	97.7
5	2024“二月二”老龙头全国舞龙大会	03 月	41.38	97.0
6	全国“古城过大年”活动	01 月	37.65	96.3
7	2024“国际茶日”主题系列活动	05 月	25.27	94.9
8	气象万千——中国非遗保护实践主题展	06 月	21.06	93.5
9	2024 年大理白族自治州“三月街”民族节	04 月	19.07	92.8
10	2024“点亮中国灯”——龙年灯会灯彩迎新春全国主会场活动	01 月	16.59	92.1
11	2024 中国非遗面食大会	08 月	11.93	90.7
12	京津冀非物质文化遗产联展	09 月	11.17	89.3
13	2024 非遗影像展	10 月	10.17	87.9
14	第三届湖南非遗博览会	09 月	9.65	87.2
15	第四届三亚南山非遗节	06 月	9.57	86.5
16	2024 年山东省非物质文化遗产月	02 月	8.73	85.8
17	“激情彭州·龙兴龘龘”彭州非遗音乐大集	11 月	6.63	83.7
18	2024 年丹寨非遗系列活动	07 月	4.48	78.8
19	陕西省首届非遗发展大会	04 月	3.77	73.2
20	首届黄河非遗美食月	09 月	2.42	66.9

从报道媒体数量维度来看，龙年非遗大集、2024“国际茶日”主题系列活动和全国“古城过大年”活动位居前三名，各项活动的详细数据及分值如表 13 所示。

表 13　最具传播影响力非遗活动报道媒体数量传播数据表

序号	事件	发生时间	报道媒体数量（家）	报道媒体数量分值
1	龙年非遗大集	02 月	10341	99.8
2	2024“国际茶日”主题系列活动	05 月	8090	99.1
3	全国“古城过大年”活动	01 月	7999	98.4
4	“舞动中国龙”——龙舞大巡游	02 月	6467	97.7
5	首届“天府非遗周”活动	11 月	4488	97.0
6	气象万千——中国非遗保护实践主题展	06 月	4373	96.3
7	2024 年大理白族自治州“三月街”民族节	04 月	4226	95.6
8	2024“点亮中国灯”——龙年灯会灯彩迎新春全国主会场活动	01 月	3533	94.9
9	2024 非遗影像展	10 月	2453	94.2
10	第二届中国非物质文化遗产保护年会	07 月	2441	93.5
11	2024 年山东省非物质文化遗产月	02 月	2426	92.8
12	2024“二月二”老龙头全国舞龙大会	03 月	2278	91.4
13	第三届湖南非遗博览会	09 月	1931	90.7
14	2024 中国非遗面食大会	08 月	1687	87.9
15	京津冀非物质文化遗产联展	09 月	1381	86.5
16	陕西省首届非遗发展大会	04 月	1286	85.8
17	2024 年丹寨非遗系列活动	07 月	1201	85.1
18	第四届三亚南山非遗节	06 月	741	78.8
19	“激情彭州·龙兴𪚥𪚥”彭州非遗音乐大集	11 月	633	77.4
20	首届黄河非遗美食月	09 月	503	71.8

按照指标体系对最具传播影响力非遗活动的传播工作进行测算，其中前述开源数据得分占比 80%，闭源数据得分占比 20%，经综合测算，各项活动的详细数据及分值如表 14 所示。

表 14　最具传播影响力非遗活动传播综合分值表

序号	事件	发生时间	综合分值
1	首届“天府非遗周”活动	11 月	97.66
2	龙年非遗大集	02 月	97.10
3	2024“国际茶日”主题系列活动	05 月	94.54
4	第二届中国非物质文化遗产保护年会	07 月	91.36
5	2024“点亮中国灯”——龙年灯会灯彩迎新春全国主会场活动	01 月	91.19
6	2024 年大理白族自治州“三月街”民族节	04 月	90.24
7	全国“古城过大年”活动	01 月	90.00
8	2024 非遗影像展	10 月	89.27
9	气象万千——中国非遗保护实践主题展	06 月	88.89
10	2024 年山东省非物质文化遗产月	02 月	87.02
11	“舞动中国龙”——龙舞大巡游	02 月	86.77
12	第三届湖南非遗博览会	09 月	85.04
13	2024 年丹寨非遗系列活动	07 月	84.85
14	2024 中国非遗面食大会	08 月	84.22
15	2024“二月二”老龙头全国舞龙大会	03 月	83.23
16	京津冀非物质文化遗产联展	09 月	83.19
17	第四届三亚南山非遗节	06 月	82.92
18	陕西省首届非遗发展大会	04 月	80.73
19	“激情彭州·龙兴龘龘”彭州非遗音乐大集	11 月	80.54
20	首届黄河非遗美食月	09 月	77.81

2024 年度非遗传播分析

一、2024 年非遗传播话题

2024 年 1 月 1 日至 12 月 31 日，监测期内非遗相关信息总量达 7977.03 万，互动声量达 178.52 亿次，总曝光量达 38774.08 亿。其中，敏感信息占比为 0.79%（图 1）。

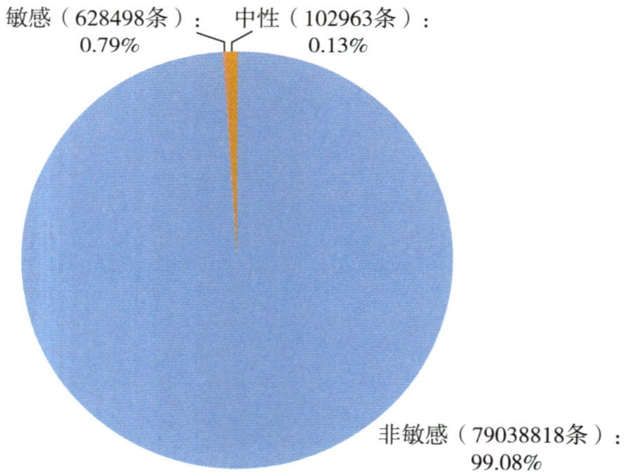

图 1　敏感信息占比

从媒体级别分布来看，20483 个媒体网站、账号共发布报道 746.22 万条。其中，3.43 万个省级媒体网站、账号共发布报道 294.24 万条，占比 39.43%；8.85 万个城市媒体账号、网站共发布 208.88 万条，占比 27.99%；1.36 万个央级媒体网站、账号共发布报道 168.10 万条，占比 22.53%；3156 家商业媒体共发布报道 52.66 万条，占比 7.06%；4059 家企业资讯共发布报道 19.39 万条，占比 2.60%。

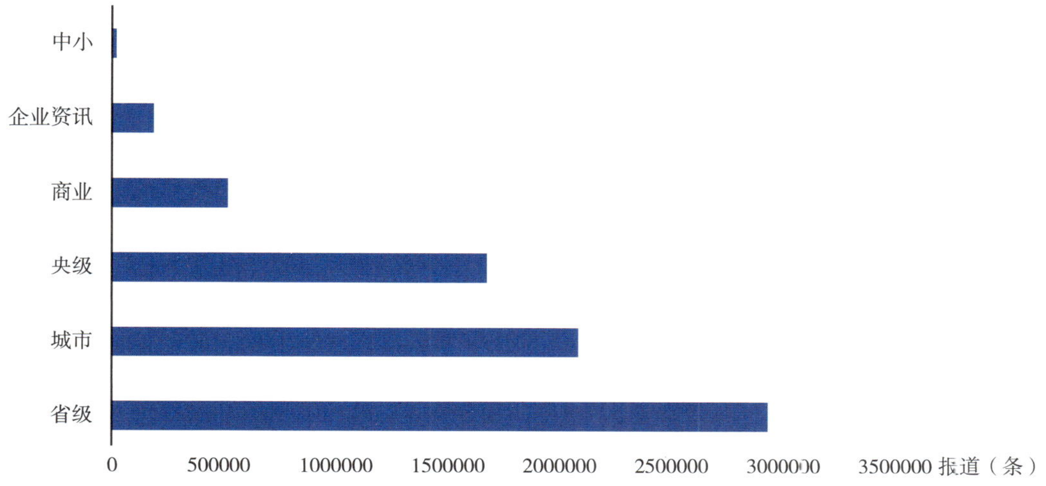

图 2　媒体级别分布

从活跃媒体作者来看，排名前十的非遗传播活跃作者中，新华社、央广网、人民资讯等重磅央级媒体在列，说明央级媒体在非遗传播中占据主导地位，凭借权威、广泛的传播渠道和强大的资源整合能力，成为非遗信息传播的关键力量，为非遗的广泛传播与传承奠定坚实的基础，也体现了主流媒体在弘扬优秀传统文化方面的责任担当和积极作为。

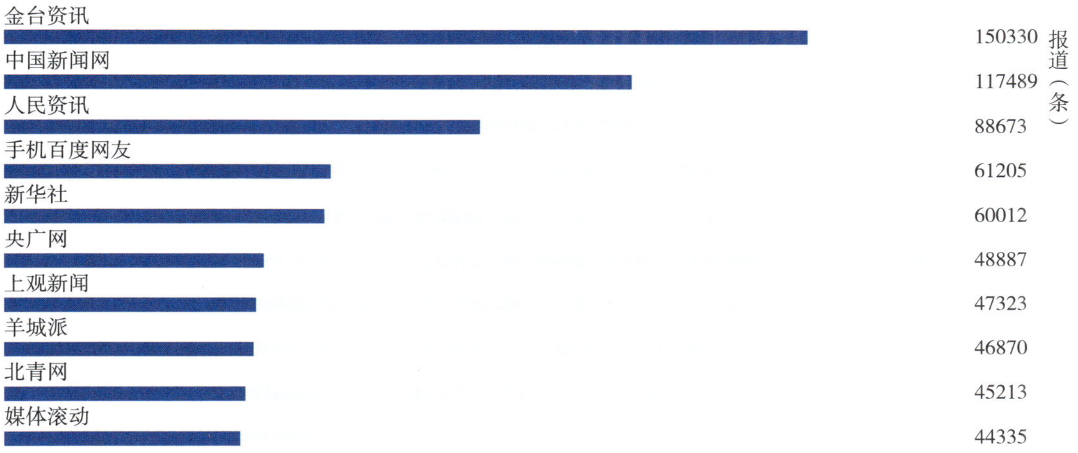

图 3　活跃媒体作者分布

从关键词云分布来看，大众关注非遗传播多个方面，包括概念内涵、传承主体、保护发展、民俗节庆、地域民族特色、传播交流、产业市场以及明星效应等。具体来看，一是深度认知核心概念。“非遗”“文化遗产”“传统”“文化”等词频领先，体现大众重视非遗承载的历史文化内涵，清晰地认识到非遗在传承和弘扬传统文化中的关键作用，反映出社会守护文化根脉的集体意识。二是密切关注传承主体，“传承人”“大师”“艺人”等高词频，凸显大众对非遗传承主体的高度关注。三是理性思考保护发展，“保护”“传承”“发展”“创新”“数字化”等高频词，表明大众认识到非遗保护的紧迫性，也意识到需借助现代技术实现非遗的创新发展，以适应时代需求。四是重视民俗节庆纽带，福建游神、英歌舞、秦腔等地域民俗，以及春节、端午、中秋等传统节日词汇高频出现，反映大众对本土文化的深厚情感，也体现民俗与节庆作为非遗传播载体的重要价值。五是积极关注传播交流，“展示”“宣传”“活动”“交流”“推广”等高频关键词，展现大众期望通过多样途径促进非遗广泛传播与交流，打破限制，提升非遗影响力。六是认同产业市场价值，“产业”“市场”“文创”“品牌”等词频，说明大众认可非遗产业化、市场化的发展方向，关注非遗与文创融合。七是借力效应传播，李宇春等明星词汇的出现，表明明星效应成为非遗传播的重要力量，其示范和带动作用能激发大众兴趣，扩大非遗传播范围。

图 4　传播关键词云

不同平台特性赋予非遗传播不同形态，头条、网易侧重深度话题探讨，借资讯属性传递非遗价值与地位；抖音、快手以短视频、互动体验为主，年轻用户用创意玩法，让非遗在趣味互动中传播；小红书聚焦生活美学与创意实践，展现非遗与潮流文化融合；百度作为搜索平台，借热点事件关联非遗，拓宽传播场景；微博则以话题讨论、热点发酵为特色，引发对非遗国际传播的关注，多平台协同，覆盖不同受众群体。

盘点非遗相关热搜话题，不仅能直观展现大众对非遗的关注热度，更能深入剖析关注背后的多元维度。这些热搜话题如同多棱镜，折射出大众对非遗保护传承的关切、对跨界融合创新的期待，以及对非遗走向世界的自豪。梳理排名前30位热门话题，洞察非遗在当代社会的传播脉络与发展趋势，具体来看，非遗的保护传承是大众关注焦点。#湛江吴川手作非遗月饼的传承与创新#，体现传统技艺在当代的延续与口味、形式突破；#当“00后”成为非遗传承人#，年轻血液注入给非遗带来传承方式、表现形式创新，让非遗更贴合年轻群体。同时，#我国非遗保护成绩斐然#等话题，也彰显对传承成果的关注，传承与创新并行，守护非遗根脉又赋予时代活力。非遗与多领域的跨界融合，也拓展了传播维度。#我把非遗景泰蓝工艺画到了脸上#，是非遗与美妆、时尚融合；#村BA非遗民族秀惊艳全场##用非遗皮影戏打开中国航展#等，打破非遗固有传播边界，创造新奇体验，吸引大众目光。话题凸显年轻群体的参与性与互动性。#年轻人玩非遗用料就是猛##百young非遗#等，展现年轻人主动探索、创作非遗内容，从受众变为传播者、创作者。此外，#夏叔体验非遗木榨油#说明体验式、生活化的非遗内容易引发共鸣，受众在互动中深化对非遗的认知与喜爱。关注非遗的国际传播与文化自信。#中国已有44项世界非遗##山东非遗杂技顶碗在韩国引围观##苏州非遗惊艳了佛罗伦萨#等话题，体现非遗成为文化名片，走向国际舞台。借国际交流、展示，传播中国非遗，增强文化自信，也让世界了解中国非遗魅力，推动非遗国际传播与文化交流互鉴。此外，“2024焕新非遗天府之夜”“央视非遗新春之夜”等非遗活动传播“破圈”，引发大众广泛关注。综上所述，2024年非遗热搜话题展现出非遗传播依托多平台，通过多元融合、受众深度参与及国际交流，让非遗从传统领域走进大众生活，实现活态传承与创新发展，为非遗传播提供新路径与启示，助力非遗在新时代持续焕发生机。

表 1　非遗热搜话题一览（前 30 位）

序号	平台	热门话题	热搜情况	实时峰值数
1	头条	# 中国为何能居世界非遗榜首	热搜榜第 3 位	4263.50w
2	网易	# 我国 3 个非遗项目转入人类非物质文化遗产代表作名录	热搜榜第 6 位	3211.00w
3	头条	# 湛江吴川手作非遗月饼的传承与创新	热搜榜第 5 位	2765.69w
4	抖音	# 年轻人玩非遗用料就是猛	热搜榜第 2 位	1209.35w
5	抖音	# 百 young 非遗	热搜榜第 3 位	1189.13w
6	抖音	# 我国非遗保护成绩斐然	热搜榜第 3 位	1188.66w
7	快手	# 夏叔体验非遗木榨油	热搜榜第 1 位	1188.00w
8	快手	# 非遗绝活花式迎新年	热搜榜第 5 位	1130.60w
9	抖音	# 当“00 后”成为非遗传承人	热搜榜第 5 位	1102.53w
10	小红书	# 我把中式 Bbox 打进非遗	热搜榜第 1 位	1100.60w
11	小红书	# 我把非遗景泰蓝工艺画到了脸上	热搜榜第 1 位	1100.00w
12	快手	# 当水上飞人遇上非遗火壶表演	热搜榜第 1 位	1083.20w
13	快手 抖音	# 这些年轻人对非遗上头了	热搜榜第 2 位	1078.80w 1133.24w
14	抖音	# 新华社电视专访李子柒深耕非遗	热搜榜第 6 位	1065.31w
15	抖音	# 村 BA 非遗民族秀惊艳全场	热搜榜第 4 位	1061.85w
16	头条	# “龙韵”爆棚　非遗里的龙行龘龘	热搜榜第 4 位	1052.64w
17	快手	# 中国已有 44 项世界非遗	热搜榜第 15 位	1030.20w
18	快手	# 江寻千体验非遗英歌舞	热搜榜第 2 位	1021.90w
19	头条	# 非遗民俗“拉满”假期游客体验感	热搜榜第 3 位	1005.43w
20	百度	# 用非遗皮影戏打开中国航展	热搜榜第 9 位	800.50w
21	百度	# 第一个非遗春节即将到来	热搜榜第 3 位	779.96w
22	快手	# 当黑神话・悟空遇上非遗文化	热搜榜第 37 位	719.95w
23	头条	# 委员建议中小学设立非遗教育课程	热搜榜第 5 位	678.08w
24	微博	# 李子柒把星空搬到了非遗盛典	热搜榜第 18 位	535.58w
25	微博	# 当非遗遇到巴黎奥运	热搜榜第 3 位	493.58w
26	头条	# 央视非遗新春之夜	热搜榜第 15 位	344.87w
27	微博	# 建议中小学设非遗课程	热搜榜第 33 位	14.95w
28	微博	# 苏州非遗惊艳了佛罗伦萨	热搜榜第 2 位	13.18w

续表

序号	平台	热门话题	热搜情况	实时峰值数
29	微博	# 丁真亮相焕新非遗天府之夜	热搜榜第 3 位	7.92w
30	微博	# 非遗传承人帮 800 多名绣娘零投入就业	热搜榜第 50 位	1.99w

二、媒体传播分析

归纳主流媒体年度非遗报道主要角度和观点，摘编代表性观点。

（一）央级媒体对非遗的报道从多个角度、多个层面展开，全面展现非遗的价值、传承现状和发展前景。

1. 强调非遗的文化价值与历史意义

央级媒体从宏观层面出发，突出非遗所承载的深厚文化内涵和历史价值。通过报道，向公众传达非遗是中华民族传统文化的瑰宝，是历史发展的见证和民族智慧的结晶。例如，在报道传统戏曲、民间文学等非遗项目时，会追溯其起源、发展脉络，讲述它们如何在不同历史时期反映社会生活、表达民族情感。像对京剧的报道，会提及它融合了多种艺术形式，历经数百年的演变，承载着中国传统文化中的礼仪、道德、审美等观念，是中华文化的重要标志之一。这种报道角度有助于增强公众对非遗的敬重和保护意识，让人们认识到非遗不仅是过去的记忆，更是当下和未来文化发展的根基。

2. 关注非遗传承人的坚守与奉献

非遗的传承离不开传承人的努力，央级媒体重视对传承人的报道，深入挖掘传承人的故事，展现他们为了守护和传承非遗技艺所付出的艰辛与坚持。比如报道一位年逾古稀的木雕传承人，几十年如一日地钻研技艺，即使面临经济困难和传承无人的困境，依然坚守在工作室中，手把手地教导年轻学徒。通过这样的报道，让公众了解到传承人的无私奉献精神，同时也呼吁社会给予传承人更多的支持和关注，为非遗的传承创造更好的条件。这一角度的报道也能激发更多年轻人对非遗传承的兴趣，吸引他们投身到非遗保护事业中来。

3. 聚焦非遗的创新发展与现代融合

在当代社会，央级媒体关注非遗如何适应时代发展，实现创新与现代融合。会报道一些成功案例，如非遗与时尚设计、数字技术、文创产业等的结合。例如，某知名品牌将传统刺绣元素应用到现代服装的设计中，推出具有时尚感的非遗文创产品，既传播了非遗，又取得了良好的市场效益。再如，利用虚拟现实、增强现实等数字技术，让观众能够身临其境地感受非遗的魅力，打破了时间和空间的限制。这种报道角度鼓励非遗在保持自身特色的基础上，积极与现代元素结合，以新的形式和载体展现给大众，从而获得更广泛的传播和认可。

4. 展示非遗在国际交流中的作用

央级媒体会关注非遗在国际舞台上的表现，强调非遗作为文化交流使者的重要作用。报道中国非遗项目在国际展览、文化活动中的亮相，展示中国文化的独特魅力。比如中国的太极拳、中医针灸等非遗项目在国外受到广泛欢迎，通过举办培训班、学术交流等活动，让更多外国人了解和喜爱中国文化。这种报道有助于提升中国文化的国际影响力，促进不同国家和民族之间的文化交流与互鉴，也增强了民族自豪感和文化自信。

5. 重视非遗对地方经济发展的带动作用

央级媒体会关注非遗与地方经济发展的关系，报道非遗如何成为推动地方经济增长的新动力。例如，一些具有特色非遗资源的地区，通过发展旅游，打造产业园区，吸引游客和投资，带动了当地餐饮、住宿、手工艺销售等相关产业的发展。像某古镇以传统印染技艺为特色，开发了印染体验游项目，吸引了大量游客，不仅增加了当地居民的收入，还促进了古镇的保护和发展。这种报道角度有助于地方政府和社会各界认识到非遗的经济价值，从而更加重视非遗的保护和开发利用，实现文化与经济的良性互动。

6. 关注非遗保护政策的落实与成效

央级媒体会密切关注国家和地方出台的非遗保护政策，报道政策的落实情况和取得的成效。通过采访相关部门负责人、专家学者和传承人，了解政策在实际执行过程中的情况，以及对非遗保护工作的推动作用。例如，报道某地区在落实非遗传承人扶持政策后，传承人的创作条件得到改善，更多年轻学徒愿意投身非遗传承；或者报道某非遗项目在获得专项资金支持后，开展了抢救性记录和保护工作，取得了显著成果。这种报道有助于监督政策的有效执行，也为其他地区提供经验借鉴，促进全国非遗保护工作的整体推进。

7. 挖掘非遗背后的社会变迁与人文关怀

央级媒体还会从人文关怀的角度出发，通过非遗报道反映社会的变迁和人们生活的变化。例如，报道一些随着时代发展而逐渐式微的非遗项目，背后是传统生产生活方式的改变；而一些新的非遗项目的出现，则反映了当代社会的新需求和新趋势。同时，关注非遗传承过程中人们的情感故事，如家族传承中的亲情纽带、师徒之间的深厚情谊等。这种报道角度让非遗更加贴近生活，引发公众的情感共鸣，也使非遗报道更具有温度和深度。

（二）省级、地市媒体关注多方面非遗内容。挖掘展示本土特色非遗项目，讲述传承人的故事与现状。报道本省非遗保护发展的经验举措，以及其在民俗节庆中的应用传承。聚焦非遗与文旅融合发展，鼓励创新传承和现代价值挖掘。还关注非遗进校园的推广情况，以及本省非遗的国际交流传播，多维度助力非遗的保护、传承与发展。

1. 本土特色非遗项目挖掘与展示

省级媒体会重点聚焦本省独特的非遗项目，深入挖掘其背后的历史、文化内涵和独特技艺。比如，对于云南而言，像彝族火把节、傣族泼水节等少数民族特色的节庆非遗，以及建水紫陶制作技艺等传统手工艺，媒体会通过专题报道、纪录片等形式，详细介绍这些非遗项目的起源、发展脉络、制作流程和文化意义，让本省民众乃至全国观众都能了解到本省丰富而独特的文化瑰宝，增强本土居民的文化认同感和自豪感。

2. 非遗传承人的故事与现状

媒体十分关注本省非遗传承人的生存状态和传承经历。他们会深入采访各级非遗传承人，记录他们坚守技艺的感人故事，以及在传承过程中所面临的困难与挑战。例如报道一位年逾古稀的皮影戏传承人，几十年来如何克服经济困难、人才断层等问题，坚持表演和传授皮影技艺；或者关注年青一代传承人，如何将现代元素融入传统技艺，实现创新传承。通过这些报道，呼吁社会给予传承人更多的支持和关注，为非遗传承创造更好的条件。

3. 非遗保护与发展的地方经验和举措

省级媒体会积极报道本省在非遗保护和发展方面所采取的有效措施和取得的成功经验。比如介绍某地区建立生态保护区，对区域内的非遗进行整体性保护；或者报道当地政府出台扶持政策，鼓励非遗项目进行产业化发展，如推动传统刺绣技艺与现代时尚产业结合，开发文创产品等。这些报道一方面可以为省内其他地区提供借鉴，另一方面也能向上级部门反馈本省非遗保护工作的成果和需求。

4. 非遗在民俗节庆中的应用与传承

省级媒体会关注非遗在本省民俗节庆活动中的体现和传承情况。在春节、端午、中秋等传统节日，以及本省特有的民俗节日期间，媒体会报道各地如何通过非遗元素来丰富节庆内涵，如春节期间舞龙舞狮、元宵灯会等传统民俗活动的开展，展现非遗在当代社会中依然具有强大的生命力和凝聚力，同时也引导民众积极参与到非遗的传承中来。

5. 非遗与地方文旅融合发展

随着文化旅游产业的兴起，省级媒体会关注非遗与本省文旅产业的融合发展模式。报道各地如何利用非遗资源打造特色旅游线路和景点，如以古村落中的传统建筑技艺为卖点吸引游客；或者开发非遗体验项目，让游客亲身体验剪纸、陶艺制作等非遗技艺，既推动了地方旅游业的发展，也促进了非遗的传播和传承。同时，媒体还会关注文旅融合过程中出现的问题和解决办法，为产业的健康发展提供舆论支持。

6. 非遗的创新传承与现代价值挖掘

省级媒体会鼓励和报道本省非遗项目在传承过程中的创新尝试，以及挖掘其在现代社会中的新价值。比如报道传统戏曲如何结合现代舞台技术和表演形式进行创新演出，吸引年轻观众；或者探讨传统中医药非遗在现代健康养生领域的应用价值。通过这些报道，让非遗更好地适应现代社会的发展需求，焕发出新的活力。

7. 非遗在校园教育中的推广

省级媒体会关注非遗走进校园的情况，报道各地学校如何将非遗纳入校本课程，开展非遗社团活动等。例如介绍学校邀请非遗传承人进校授课，让学生近距离接触和学习传统技艺，如扎染、面人制作等；或者报道学校组织学生参与非遗实践活动，增强学生对本土文化的了解和热爱，培养新一代的非遗传承人和爱好者。

8. 非遗的国际交流与传播

媒体也会关注本省非遗在国际舞台上的展示和交流活动。报道本省的非遗项目走出国门，参加国际文化展览、艺术交流等活动，展示中国文化的魅力，提升本省文化的国际影响力。比如报道本省的传统武术、传统音乐等非遗项目在国外的演出和交流情况，以及在国际上所获得的认可和赞誉。

（三）商业媒体、企业资讯等聚焦非遗商业价值。关注其商业潜力与市场价值，挖掘文创开发可能。热衷报道跨界合作创新案例，探寻新商业机会。研究消费趋势以制定营销模式，看重传承人商业价值并加以打造。留意产业投资动态与发展前景，还抓住热点事件进行话题营销，借非遗热度实现商业利益。

1. 商业潜力与市场价值

重点挖掘非遗项目蕴含的商业潜力。关注那些能够转化为商品或服务、具备市场前景的非遗技艺和文化元素。比如传统手工艺类的木雕、刺绣等，商业媒体会分析其在文创产品开发上的可能性，评估市场需求和消费群体规模，探讨如何将非遗打造成具有竞争力的商业品牌，以获取经济收益。

2. 跨界合作与融合创新

热衷于报道非遗与其他行业的跨界合作案例。如非遗与时尚、影视、游戏等领域的结合。像传统服饰元素融入现代时尚设计，或非遗故事成为影视、游戏的创作题材。商业媒体会关注这类合作带来的创新效应和商业机会，以及如何通过融合实现互利共赢，拓展非遗的商业边界。

3. 消费趋势与营销模式

研究非遗相关产品或服务的消费趋势。分析消费者对非遗的认知、喜好和购买行为，以此为基础探讨有效的营销模式。例如，如何利用社交媒体、电商平台等渠道推广非遗产品，打造话题热度，提高销售额，同时也关注消费者对非遗体验式消费的需求和反馈。

4. 传承人商业价值

关注非遗传承人的商业价值。挖掘传承人背后的故事和个人影响力，将其打造成品牌形象代表。商业媒体会报道传承人如何借助自身技艺和知名度开展商业活动，如举办个人作品展、参与商业代言等，以提升非遗项目的商业关注度和市场吸引力。

5. 投资与产业发展

留意产业的投资动态和发展前景。报道相关的投资项目、资金流向，以及产业园区、基地的建设和运营情况。评估非遗产业在资本市场的潜力，为投资者提供参考，同时也关注政府对非遗产业的扶持政策及其带来的商业机遇。

6. 热点事件与话题营销

抓住非遗领域的热点事件进行话题营销。比如新入选非遗名录的项目、重大非遗活动等，通过制造话题、引发讨论，吸引公众关注，从而为相关商业活动造势，带动非遗产品或服务的销售。

三、网民态度分析

从网民态度分布来看，非遗在网络传播中收获的网友态度以中性为主，积极态度为辅，负面及强烈情感态度占比极低，这为进一步推动非遗传播、提升公众参与度和认同感奠定了良好基础。

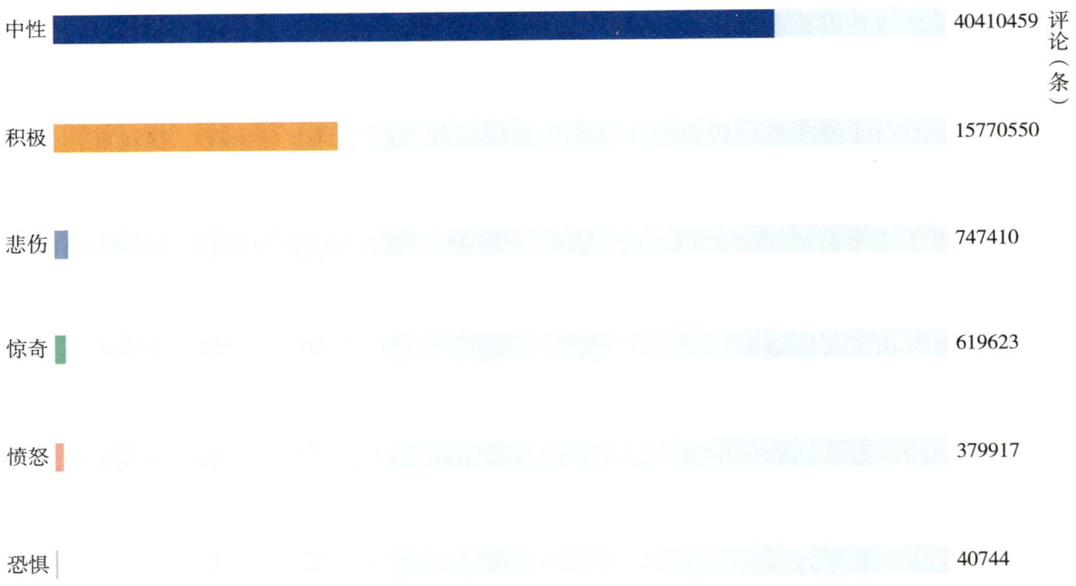

图 5　网民态度构成

对 2024 年全网非遗的相关评论进行抽样、清洗，构建样本库，运用专业语义分析工具对语义评论聚类归纳，总结网友观点占比如下：

23.30% 的网友将非遗视为民族文化瑰宝，认为其承载独特技艺与历史记忆，是民族身份象征，应全力保护传承。

评论说明：“老祖宗的东西绝不能丢！”部分网友在热门非遗视频下刷屏留言，感慨非遗是刻在骨子里的文化基因。比如河南卫视《端午奇妙游》水下洛神舞爆火后，评论区超 10 万条留言呼吁“多来点这种文化输出”，还有网友自发整理各地非遗清单，发起

“守护家乡宝藏”打卡挑战。

19.70% 的网友肯定非遗传承对延续文化血脉的重要性，希望政府和社会给予传承人更多支持，保障传承工作顺利开展。

评论说明：B 站上“‘95 后’小伙复原千年榫卯结构”视频播放量破亿，弹幕满屏“大神”“国之匠心”；抖音上苗绣传承人用破洞牛仔裤改造传统纹样，评论区疯狂求同款，直言“这种传承才是真潮流”。“传承人太牛了，跪着看完！”还有部分网友对非遗传承人的硬核技艺充满敬佩。

15.20% 的网友积极点赞非遗与现代科技、时尚、文创等融合创新的案例，认为这种方式能让非遗更贴近生活，吸引年轻群体关注。

评论说明：敦煌研究院与王者荣耀联名皮肤上线时，微博话题阅读量超 20 亿，玩家刷屏“文化与游戏梦幻联动”；故宫推出的非遗主题盲盒，因融合剪纸、漆器等元素，发售秒空，网友戏称“抢盲盒比抢演唱会门票还难”。“原来非遗这么酷！”“擅长‘玩活’的非遗才是好非遗”，年轻人对非遗创新接受度极高。

13.30% 的网友表示非遗与旅游结合能打造特色文化旅游，既能促进非遗传播，又能带动地方经济，实现双赢。

评论说明：“旅游就该这么玩！”小红书上“非遗旅行攻略”笔记超 500 万篇，不少网友晒出在景德镇学陶艺、在贵州体验蜡染的 Vlog，点赞量动辄 10 万 +。有博主表示，“比起千篇一律的网红景点，这种能亲手触摸历史的旅行才叫高级！”

11.50% 的网友认为非遗进校园、进社区等活动具有很高的教育价值，能让青少年从小接触并热爱传统文化，增强文化自信。

评论说明：“建议纳入必修课！”家长群体尤其支持非遗教育。在“非遗进校园”话题下，家长们分享孩子学皮影戏、捏面人的视频，感慨“比玩手机强多了”；知乎热帖“如何让孩子爱上传统文化”中，高赞回答清一色推荐非遗体验课程。

9.90% 的网友关注非遗在国际舞台的表现，认为非遗是中国文化对外交流的有力名片，能提升国家文化软实力。

评论说明：“老外看呆的样子太爽了！”TikTok 上中国英歌舞、舞龙视频播放量屡破百万，外国网友留言“这是什么神仙操作”“中国文化 yyds”。国内网友则骄傲转发：“让世界看看，我们老祖宗的东西有多绝！”

5.40% 的网友认为部分非遗形式陈旧，如传统戏曲节奏缓慢、表演形式晦涩，难以吸引现代观众，尤其是年轻群体。

评论说明:“看睡着了，真的欣赏不来……”年轻网友常吐槽部分非遗形式脱离时代。豆瓣有帖子犀利指出:“京剧唱段又长又听不懂，还不如短视频里 30 秒的变脸来得刺激。”B 站弹幕也常见“节奏太慢，告辞”等评论，反映传统表现形式对 Z 世代吸引力不足。

1.70% 的网友质疑部分地区对非遗商业开发过度，为追求经济利益破坏非遗原有文化内涵，导致非遗失去本真。

评论说明:“卖情怀割韭菜，没意思!”部分网友对过度商业化表示反感。某非遗联名奶茶因定价过高、文化元素生硬拼接，被微博大 V 怒批“消费传统文化恰烂钱”；淘宝上批量生产的“非遗文创”因粗制滥造，在差评区被网友嘲讽“还不如义乌小商品有诚意”。

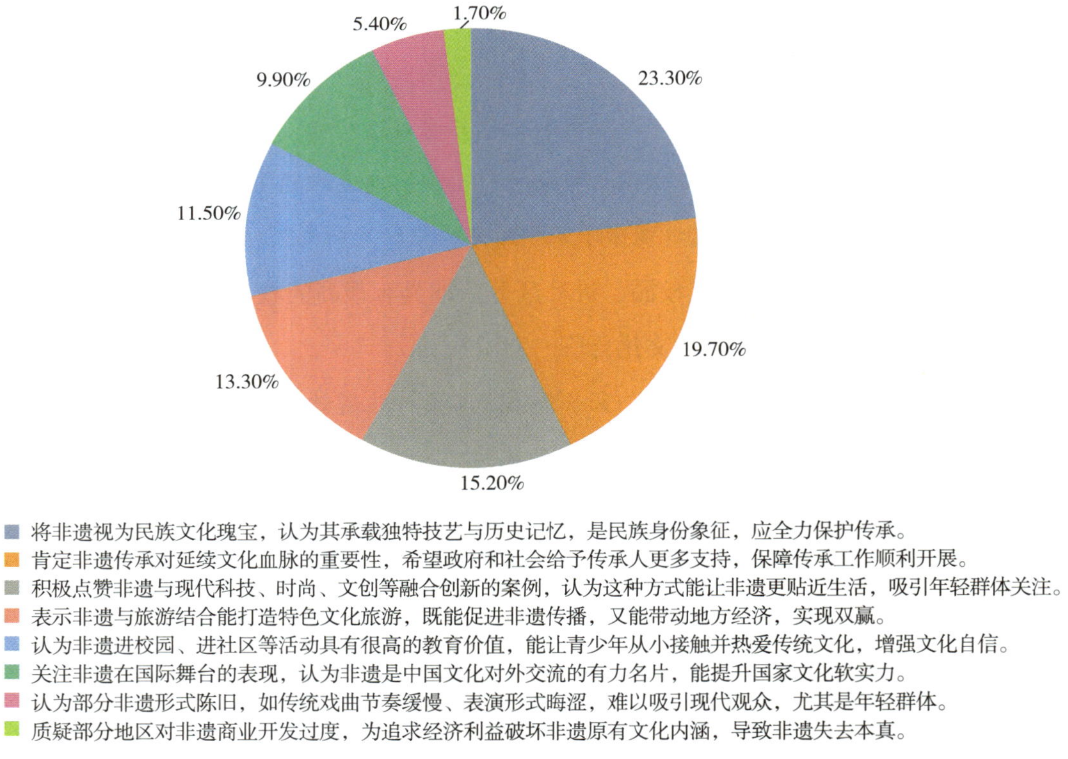

图 6　网友观点占比

平台篇

在数字技术革命浪潮的席卷下，非遗正以前所未有的姿态突破时空桎梏，通过短视频、直播、AI 等现代传播手段，实现从“深闺藏技”到“全民共享”的华丽转身。过去一年间，抖音平台非遗相关视频播放量突破 7499 亿次，日均 6.5 万场直播让非遗技艺触达亿万观众；快手平台非遗直播日均超 1 万场，用户互动量达 37 亿次；微博上 # 春节申遗成功 # 话题阅读量超 4 亿次，非遗相关热搜霸榜 1100 余次，淘宝天猫平台非遗产品成交额攀升至 1300 亿元。这些数据不仅印证了非遗强大的生命力，更揭示了一个令人振奋的趋势：当传统技艺遇上数字技术，非遗保护与传承迎来了前所未有的历史机遇。本篇将从抖音、快手、微博及淘宝天猫等平台的非遗发展实践出发，依托其平台数据及公开发表的相关报告，深入探讨数字时代非遗保护与传承的新路径、新成效，以及面临的挑战与机遇。通过一系列生动案例和数据分析，展现非遗在新时代的数字舞台上如何焕新传承、活力绽放，为中华优秀传统文化的传承与发展提供有益的参考和启示。

抖音：助力非遗发展“新”力全开

抖音依靠自身技术革新与模式创新，构建起非遗保护、传承、传播、发展的全新生态体系，为非遗代表性传承人、内容创作者、专家学者、社会大众等各方提供了展示技艺、传播文化、宣传思想的数字化通道。从内容生产、创新传播、科技赋能到平台建设、市场能力提升、文旅融合发展，抖音平台从多个维度助力非遗融入现代生活，对我国非遗保护事业的繁荣发展形成有力的支持。

一、提升数字能力，扶持非遗“新传人”

抖音平台通过提供便捷的创作工具、系统化的能力培训与多样化的内容扶持，帮助不同代际的非遗传承者、内容创作者与文化学者，将传统技艺、创新手段和深度思想转化为可留存、可共享的数字资产。在短视频平台上，我们不仅看到了非遗技艺的存续，更见证了一个民族文化记忆的数字化重生——这种以技术为桥梁、以传承为使命、以创新为动力的传播模式，正在书写非遗活态传承的新篇章。

（一）技术平台助力传承人数字实践，缩短传播代差

抖音短视频平台开发并不断迭代易用型的拍摄——编辑技术，以“技术普惠 + 能力扶持”为着力点，助力非遗传承人将技艺转化为可留存、可传播的数字内容，建立起跨越代际的“展示—交互—传播”通路。非遗传承人跨代际的内容传播是银发族传承人突破传统圈层，主动进入网络空间，借助短视频实现内容的再表达。“60 后”国家级非遗代表性传承人、苏绣艺术家 @ 不偷懒的姚建萍积极利用短视频和直播平台推介苏绣技艺，超 20 万粉丝因为她爱上苏绣。对新生代传承人而言，短视频平台不仅是工具，更是撬动文化生命力的支点。网名 @ 汪氏皮影 · 确实牛皮的“00 后”非遗传承人党飞华，以新潮创意让古老皮影在新时代焕发全新活力。这种“技术平权”真正打破了年龄与认

知的代沟——从“60后”到“00后”，不同代际的传承人都能跨越技术鸿沟，用数字化的方式将自己的非遗技艺长久地留存在互联网云端。

（二）内容创作推动非遗资源变现，放大非遗传播效能

内容创作者依托抖音短视频平台记录、呈现、还原并转化非遗内容，通过深入非遗生产或展演现场，让观众直观了解非遗的真实技艺环境与传承状态。内容创作者@吴大安两年来透过视频呈现70余项非遗项目，并将商业收入按一定比例反哺被访传承人，实现创作者与传承人利益共享；美国友人、三丰派第16代传人@武当杰克在抖音向各国网友分享了上千条武当武术的短视频，助力国家级非遗项目“武当武术”走向世界。“95后”国家级非遗项目“峨眉武术”代表性传承人@凌云发起“女侠集结令”等活动内容，借助抖音互动功能和话题推广，集结起首个峨眉非遗武术女子功夫团。技艺还原类内容创作者以匠人的身份出现，以“复刻”与“再现”非遗技艺为手段，用视频作品为观众重构中华民族的精神原乡。如在海内外极具影响力的短视频创作者@李子柒以古风田园生活为蓝本，将蜀绣、造纸术等非遗技艺融入其中，让世界看到中国之美。

非遗科普内容创作者提供了一种以数字特效直观解说非遗知识的选择。@国翠儿以“特效+非遗”的独特风格出圈，将剪纸、皮影、年画等传统技艺与奇幻特效融合，令非遗元素实现从静态到动态的华丽转变；@光动潮影以宣传普及地方文化为己任，立足潮汕本地文化，通过特效动画与实景拍摄结合的方式，生动演绎英歌舞、铁枝木偶戏、大吴泥塑等地方非遗。

（三）专家学者入驻，助力非遗科普发展

在我国的非遗保护事业中，专家学者起到了重要作用。该群体躬身投入互联网短视频平台，为非遗的数字化表达注入了一股代表主流声音的正能量。例如中央电视台《中国诗词大会》的嘉宾评委提出“中华文化的魅力就在于对不同的艺术门类彼此借鉴”，以独特的诗意解读让非遗浸润人心。

二、创新传播手段，激发非遗“新表达”

抖音短视频平台为非遗传播注入全新活力，通过多元创新路径重塑传播生态：不仅以算法推荐突破时空限制，将非遗内容精准触达跨圈层受众，更以短视频的生动视听语言直观展现技艺细节，让非遗工艺通过多镜头展演形成沉浸式体验。传播过程中，文化

认同与传承意识被深度激活，博主援引史料讲述非遗相关故事引发民族自豪感，用户通过点赞、评论参与二次传播。“师徒延续”与“全民共创”并行，让非遗在数字化中形成“深度习得”与“广域触达”共生的活力生态。如今，全民传播已成为非遗保护事业的活力源泉，推动其在文化共享与社会参与中焕发时代新貌。

（一）话题聚合引领非遗传播趋势，构建“参与式文化”

抖音通过“算法推荐 + 话题导引”加码非遗传播流量。算法根据用户兴趣精准推送非遗内容，让不同受众都能接触到感兴趣的非遗信息，扩大传播范围；话题则将相关内容聚合，提升曝光度。二者激发了用户的参与热情，形成活跃的传播链条。湖南隆回特色非遗技艺炭花舞经千万粉丝博主 @ 南翔推广，从无人问津的深山绝技蜕变为现象级文化 IP，传承人的精彩表演与爱好者的学习分享吸引着用户点赞、评论进行二次传播，一时间相关话题播放量激增，实现炭花舞非遗技艺的裂变式传播；短视频平台低门槛的特性让全民参与非遗传播成为可能，非遗爱好者可以在平台分享学习过程；社交互动功能（点赞、评论、社群）增强用户参与感，推动全民创作，形成“人人可传播”的氛围。

（二）数字技术丰富非遗传播形式，提升传播效度

在抖音，用户可以通过短视频和直播的形式展示非遗。例如内容创作过程中通过特写镜头、慢动作展示苏绣针法的工艺细节和陶瓷拉坯成型的制作过程；直播则带来实时互动，一些传统戏曲演员在直播平台上表演经典剧目片段，并讲解戏曲知识，让观众近距离接触戏曲文化，提升了对非遗的认知深度。此外，数字技术使创作门槛持续降低，用户可利用剪映、即梦 AI 等工具创作非遗内容，将非遗元素融入舞蹈、音乐。此外，抖音还可以通过算法推荐技术，实现非遗精准传播。该技术通过分析用户画像定向推送非遗内容，使用户在高触达频率中建立深度兴趣连接。

（三）传播矩阵推动非遗创作内容创新，拓展传播维度

抖音集团旗下红果微短剧平台推出精品短剧《锦衣巷》，在每一集中都会选择一个传统文化或非遗项目作为内容载体，例如皮影戏、相声、川剧变脸等，使观众在观看过程中，不仅能感受故事的跌宕起伏，还能领略传统艺术的魅力所在。此外，抖音鼓励普通创作者以独特视角创作内容。

三、发挥平台优势，搭建非遗“新舞台”

在非遗十大门类中，传统音乐、传统舞蹈、传统戏剧、曲艺、游艺与杂技等展演类非遗项目长期受限于演出场地和观众结构，互联网短视频平台通过直播等形式搭建“第二舞台”，连接专业院团与民间艺人，推动非遗从线下限定场域向线上开放空间延伸，展演类非遗在数字空间中真正实现从剧场专属到线上共赏的模式转变。

（一）搭建共创剧场，在互动中激活非遗展演生机

抖音通过实时滚动的直播弹幕复现剧场喝彩，虚拟礼物的视觉化特效替代现场打赏，评论区构建跨时空互动。直播功能助力非遗展演可持续传播。抖音通过算法推荐与垂直内容运营，精准连接非遗项目与潜在受众群体，观众通过礼物打赏、节目点播等互动方式，深度介入非遗表演形态转型。在此基础上，流量扶持、直播榜单等奖励机制可持续激发传承人积极性，经济效能的提升反哺技艺创新，构建起数字时代的生存闭环。此外，众多非遗爱好者通过模仿、共演、共创等方式，发布相关创作内容，与传承人实现“同台演绎”，逐渐形成在交互中传承的新生态。比如，靠唢呐表演为生的团队@沛县曹家班唢呐一度面临唢呐行业遇冷的困境，2023年，曹家班尝试将《本草纲目》等知名度较高的曲子改编成唢呐版并在直播间表演，吸引超173万粉丝在直播间点赞、互动，摆脱传承困境，数次登上央视舞台。

川剧艺术作为国家级非物质文化遗产，在抖音平台上出现了“表情包变脸”的创新演绎。一些“00后”表演者将非遗融合现代元素，在川剧变脸脸谱中植入“神话悟空”“二哈”等表情包，在配乐上将电子音乐与传统旋律结合，在保留川剧经典身段招式的基础上，融入街舞的律动和夸张的肢体语言，使表演更具有活力。这种创新演绎正是传统与现代的有机结合。

（二）专业院团数字化转型，扶持稀有剧种传承

为了使院团通过直播拓展线上经营模式，让优质表演借助互联网走进大众生活，中国演出行业协会与抖音共同发起“艺播计划——抖音直播院团专项”，推动203家国有院团入驻抖音，3531名演员和院团账号平均每天带来约540场高水平演出直播。抖音平台同时大力拯救、扶持稀有剧种。在戏曲界，当某个剧种在全国范围内仅存一家专业剧团时，该剧团则被称为“天下第一团”。为避免失传风险，不少天下第一团求新求变，

通过线上直播的形式推广稀有剧种，截至2024年6月，全国120多个稀有剧种中，已有50个剧种入驻抖音平台，一年里带来了871场直播，累计吸引498万网友观看。“天下第一团”非遗直播周活动期间，6420万人次通过直播线上观看道情戏、宛梆、汉调桄桄等稀有剧种。

四、强化市场能力，带动非遗“新消费”

在产品形态、产业协同、消费趋势等方面，非遗消费呈现出消费者年轻化、消费市场下沉、节点消费集中的特点。此外，平台通过建立规范治理机制，为非遗相关消费生态构建了制度化保障与文化正向引导双重支撑。

（一）文化产品形态革新，非遗技艺融入现代生活场景

借助抖音直播形式，帮助非遗技艺的制作过程得以可视化、互动化呈现，传承人可实时讲解工艺细节、回应观众问题，增强用户的信任感与文化共鸣，进而有效提升购买转化率。龙泉宝剑非遗传承人沈州借助线上直播和用户互动，逐步完成了从传统工艺品向高竞争力商品的转型突破，店铺单场直播最高成交达300万元。以消费促传承的路径转向，不仅改变了非遗的传播媒介与使用语境，也将非遗变成公众可拥有、可使用、可体验的生活日常。

（二）抖音电商促进非遗经济价值转化，激发经营潜力

在抖音的支持下，依托直播电商、社交传播与数字营销为核心的互联网机制，非遗从业者能够依靠内容创作与线上销售实现技艺价值的变现。潮州手拉壶传承人谢华、廖奥便利用抖音账号@铁人小哥哥创新非遗传播模式，实现“技艺变现”与“文化破圈”，截至2024年年底，账号已积累10万粉丝，售出29万件商品。在他们的带动下，抖音平台手拉壶商家从几家增至500家，直接带动潮州地区数千人就业，初步形成了具有产业联动特征的区域集群。

（三）非遗相关产业协同，从个体传承到区域经济集群

在传统非遗体系中，许多技艺依附于个体传承人或家庭作坊，呈现出小规模、低协同、地域分散的生产状态。抖音平台发挥自身技术能力和内容优势，一方面，通过数字传播、直播展示与内容运营，助力非遗产区实现从“地域封闭”向“全国可见”的价值跃迁。例如马面裙作为“现象级”单品，助力山东曹县的汉服产业形成了一个集原料、

设计、加工、销售等多个环节的完整产业链。另一方面，当具备传承能力与市场意识的个体通过持续深耕与内容创新，逐步成长为具有区域代表性的标志性力量时，便可带动本地非遗资源向集群化、产业化方向演进。鹤庆银器传承人寸发标带动鹤庆县新华村及其周边村寨学习银器锻制技艺，形成以新华村为中心、辐射周边的银铜器生产加工和销售集散地，根据鹤庆县官方数据，当地银铜器行业年产值合计约 41 亿元。不仅让银铜器加工销售业成为当地群众增收致富的支柱产业，还不断促进文旅融合，打造出鹤庆旅游的亮丽名片。

（四）重塑非遗消费结构，激发消费新动能

抖音平台数据显示，2024 年 5 月至 2025 年 4 月，非遗商品日均成交量同比增长 26%，“90 后”“00 后”成为主要购买力，非遗消费逐渐融入年轻群体。互联网平台正推动非遗消费经历一场由受众结构、内容形态、消费场景到产业体系的全链路重构。非遗消费结构年轻化趋势显现：数字平台扩大了非遗消费的覆盖范围，吸引了大量年轻消费者。此外，抖音平台数据显示，2024 年 5 月至 2025 年 4 月，抖音平台非遗商品销售超 65 亿单，超 10 个非遗商家店播破千万元。尤其在节庆节点，互联网更成为激发非遗消费热情的重要场景，如 2025 年春节期间，非遗电商商品订单量同比增长 33.7%，“00 后”订单量增长 41%，消费总额增长 53%，呈现出强烈的文化消费回流趋势与节庆消费叠加效应。

五、彰显文化标志，引领非遗“新文旅”

抖音短视频平台已成为推动非遗与旅游产业双向赋能的重要力量。通过短视频、直播互动等多样化媒介形式，原本局限于本地的非遗项目迅速进入公共视野，催生人们由线上“种草”走向线下“打卡”的旅游行为。地方政府和文旅机构也在积极借助抖音平台的力量提炼具有辨识度的“非遗 + 城市 IP”，平台不断加强非遗文旅融合相关制度保障，构建起可信赖的服务环境与交易生态，为“非遗 + 旅游”的发展模式提供了重要支撑。

（一）助推以非遗为核心的文旅场景，增强旅游体验

非遗正成为文旅产业价值提升的核心驱动力。景区、街区等依托抖音平台进行线上推广，让非遗融入现代生活，为其创造展示平台和市场机遇，实现活态传承与创新发

展。例如河头老街集美食、娱乐、购物等多功能于一体的休闲街区，作为唐山的文旅名片，这里深挖本地非遗，汇集皮影戏、乐亭大鼓等传统艺术和20多种非遗美食。2025年春节期间，首届“大唐之山千灯节万国聚河头”活动举办，铁花秀、燃灯大典等民俗节目轮番上演，为市民游客带来浓郁的年味盛宴。活动期间，抖音相关话题播放量突破3000万次，搜索量增长59.48%。1月16日，街区交易额环比激增1116.2%，跻身抖音春节十大热门景区。千灯节带动唐山春节消费增长25.77%，持续推动文旅产业升级和城市形象提升。

（二）数智平台驱动，促使非遗与旅游双向赋能

抖音以广域传播特性与强大的流量聚合能力，成为激活非遗旅游资源的重要引擎。抖音通过视觉叙事增强内容吸引力，以社群运营激发消费动机，突破非遗旅游的地域限制，构建起“传播—体验—消费—认同”的生态链，形成以非遗为核心的体验经济，为以非遗为代表的传统文化资源的创造性转化提供了“技术驱动+场景创新”的实践范式。如江西婺女洲平台推广过程中，景区以非遗打铁花表演开场，将表演舞台设于景区核心区，与“天上宫阙”光影装置交相辉映。利用全息投影和水幕特效，在仿古建筑中营造出琼楼玉宇的幻境，与铁花交织，营造“火树银花不夜天”场景。非遗丰富了景区旅游体验，景区内容创作也赋能抖音非遗传播内容叙事。

（三）彰显地方文化标志，激活非遗旅游动能

自2024年元旦至国庆，抖音上“簪花”话题播放量超120亿次。泉州文旅依托相关内容，推出线下产品和旅游线路，实现线上话题与线下场景双向转化。2024年1～8月，泉州累计接待游客7652万人次，国庆期间达666万人次，刷新历史纪录。泉州簪花围的爆火显著提升泉州文旅知名度，为当地文旅产业的可持续发展注入活力。在此过程中，抖音短视频平台凭借强大的算法推荐能力、多样化的内容呈现形式以及庞大的用户基础，成为推动标志性非遗“出圈”的重要力量。

快手：助推非遗传承，拓展“以艺养艺”

快手社交短视频平台，日活超4亿，月活超7亿，构建了短视频、直播、微短剧、电影、综艺、纪录片等多元内容交织的繁荣生态。平台日均短视频上传量超过4000万条，单日播放次数超千亿次，直播类型多达400余种，为非遗传承提供了广阔的数字空间。在技术创新方面，快手于2024年6月推出了全球首个面向普通用户开放的视频生成大模型——可灵AI，目前全球服务用户已突破2200万，累计生成视频超1.68亿条。可灵AI不仅丰富了平台内容创作形式，也为非遗数字化保护与创新注入了新动能。基于繁荣社区生态和领先技术能力，快手持续打造非遗传承的数字舞台。本文将从非遗传播、非遗消费、非遗变现、非遗传承四个维度系统呈现快手非遗生态全景图。

一、助力非遗传承，焕发传统技艺新光彩

（一）平台非遗生态概况

过去一年，快手非遗生态呈现蓬勃生命力。非遗相关视频累计播放量达1780亿次，互动量超37亿次，其中传统戏剧类视频播放量同比增长超45%，传统曲艺视频播放量同比增长超23%。平台日均非遗直播稳定在约1万场，全年累计观看时长达9.8亿小时。在内容热度看，二人转、相声、秦腔、陕北说书、河北梆子位居最受欢迎的传统戏剧/曲艺类别前列，日均开播场次居于平台前五。同时，快手对国家级非遗项目的覆盖持续深化，传统戏剧类项目覆盖率提升至98.2%，传统曲艺类项目覆盖率达到94%，正逐步构建起一个内容丰富、形式多元的非遗传播生态。

（二）非遗达人破圈实践

快手非遗创作者生态持续繁荣。截至2025年4月，平台非遗创作者规模同比增长21.1%。从细分品类来看，传统戏剧/曲艺类创作者增速最为显著，同比增长66.6%，

传统手艺和传统书画类创作者分别实现同比 20% 和 18.8% 的增长。在非遗创作者结构方面，性别分布较为均衡，男性占比 56.4%，女性占比 43.6%。在内容产出方面，非遗创作者全年视频发布量超 1355 万条，传统曲艺类视频以 45% 的增速领跑全类目，传统戏剧类目紧随其后，视频发布量增长 20%。

秦腔创作者安万是平台非遗达人破圈的典型代表。安万，被戏迷誉为“西北秦腔王”，1978 年出生于甘肃会宁，患有先天血管瘤，自幼就以一副“怪异”的面孔示人。9 岁初次登台接触秦腔后，他便开始走上戏台塑造自己的新皮囊。此后数十年间，安万带着自己的 400 台戏本辗转乡村县城巡演，历经波折，却始终未改对秦腔的坚守。这份执着最终在快手平台找到了新的表达场域。2016 年，安万入驻快手，从讲戏到演戏，他通过短视频和直播将高亢激昂的秦腔艺术传播到秦岭以外。2024 年，他组建剧团开始公益演出。他嗓音宽厚，擅长演唱大段秦腔乱弹，并在保留特色的基础上创新，融入摇滚元素，代表剧目有《兴汉图》《斩韩信》等，这种突破性尝试让秦腔在年轻群体中引发广泛共鸣。同年年底，安万带着 150 人的秦腔剧团在陕西西安成功演出，8 天场场爆满。在快手的同步直播与短视频总观看量超 1.4 亿，粉丝量连续突破大关，12 月 30 日破 100 万粉，2025 年 1 月 5 日破 120 万粉。

一时之间，安万让秦腔成为快手非遗顶流，据统计，截至 2024 年 12 月，秦腔成为快手最受欢迎的 TOP3 非遗项目，相关视频播放量同比增长 65%。从被嘲笑的“残疾农民”到“西北秦腔王”，安万用亲身经历诠释了非遗传承的当代路径。网友评价“秦腔救了安万，安万现在也要救秦腔了”，这是非遗传承人与传统艺术在数字时代的双向赋能——艺术赋予个体价值与尊严，个体则以创新实践反哺艺术传承，展现了个体价值与传统艺术的共生共荣。

（三）非遗消费的新趋势

快手正成为全民参与、代际交融的非遗传承新阵地。2024 年数据显示，50 岁以上银发用户以 31.1% 的占比稳居非遗内容消费主力，他们更偏好秦腔传承人 @ 安万、二人台传承人 @ 王茂林王丽霞、@ 陕北说书高小青等传统艺术代表。与此同时，30 岁以下年轻用户不断涌入，同比增长 12.1%，增速居各年龄段之首，其关注领域集中在叶雕、太极拳、琉璃等非遗项目，为传统技艺带来了新关注度。在地域分布上，北方城市中长春、北京、临沂、石家庄和哈尔滨用户数增长显著，南方城市中重庆、成都、东莞、上海和广州位列前五。通过短视频和直播，平台成功打破了时空与年龄界限，有效连接不同代际用户，共同体验非遗的当代价值与魅力。

（四）平台赋能非遗传播

快手持续通过多元内容与技术创新，联合主流媒体及文化机构，通过纪录片、短视频、直播等形式，推动非遗跨圈层传播与现代表达。

1. 纪录片《秦腔要火了》

2024 年 12 月 27 日，央视网与快手联合推出秦腔传承人安万主题纪录片《秦腔要火了》。该片通过 4 集内容，视角从微观至宏观，系统呈现安万个人—秦腔剧团—西北戏迷全貌：第一集《天生花脸》讲述一个人的故事，天生“花脸”的安万偏要唱花脸，是安万作为个体的艺术坚守；第二集《戏比天大》讲述一群人的故事，百人秦腔剧团以热爱抵抗万难；第三集《秦腔不死》讲述一群观众的故事，刻画了西北戏迷群体支撑的文化生态；第四集《兴汉图》讲述一部戏的故事，以万人同唱秦腔的盛况彰显传统艺术的群众基础。该纪录片通过“人—团体—受众—作品”的叙事框架，超越戏曲艺术本身的展示，深入挖掘非遗传承者的精神内核。《秦腔要火了》的片名本质是对传统文化生命力的期许——希望快手的“看见”，能够让更多人“看见”，看见普通人对热爱与梦想的执着，也看见平凡生活中最真实的感动。

2. “非遗戏曲星光夜”直播活动

2024 年 11 月 21 日，快手艺术与央视文艺联合举办“非遗戏曲星光夜”直播活动，采用“线上连麦 + 跨区域展演”形式，累计观看量超 765 万次。活动汇聚京剧、豫剧、秦腔等多种戏曲剧种传承人，构建数字化戏曲展演空间：京剧梅派第三代传人 @ 男旦董飞以经典昆曲《游园惊梦》开启序幕；出身梨园世家的 @ 京剧人侯宇通过现代戏《红灯记》展现当代戏曲的魅力；快手京剧作者 @ 果小菁以一首《凤还巢》传递京剧独特魅力。该场直播峰值出现在秦腔传承人 @ 安万的登台时刻，这位西北戏曲守艺人以一折《斩韩信》将晚会推向巅峰。这场跨越时空的戏曲嘉年华，见证着古老艺术在当代媒介场域中的创造性转化。

3. AIGC 赋能非遗数字演绎

同时，快手依托自研的真实影像级视频生成大模型可灵 AI，持续探索 AIGC 技术与非遗保护传承的融合边界。

2024年12月，央视新闻联合可灵AI推出了首场AIGC大型晚会《AI奇妙夜》，全网曝光量超5亿。晚会由可灵AI提供全程技术支持，近百位创作者共同参与，打造了集文艺创作和科技探索于一体的AIGC创新体验。《AI奇妙夜》以星际旅行为主线，串联起“灵耀星”“文脉星”“智渊星”“曙光星”四个篇章，共呈现17个AIGC生成节目。其中“文脉星”篇章作品《非遗有意思》（创作者：AI画中画、纸墨only、干饭的星辰、李太白）创新性呈现春节的“前世今生”，通过技术实现了传统文化在时间维度上的可视化叙事。

同月，为庆祝“春节”成功列入联合国教科文组织人类非物质文化遗产代表作名录，快手与文化和旅游部依托可灵AI联合打造了《童谣版》和《十二生肖版》两部春节申遗短片。《童谣版》生动再现了朗朗上口的传统童谣及儿童欢快迎新的场景，触及集体记忆的情感共鸣点；《十二生肖版》则通过卡通化生肖形象细腻还原了各类年俗文化。

12月，共青团中央和中国社会科学院联合举办了“非遗传薪　青春有为”主题传播活动。开场短片《瓷韵》深度依托可灵AI的技术能力，在光影交错间实现了古老瓷器艺术品的动态“活化”，作品90%的画面由可灵AI完成。系列实践表明，AIGC技术正为非遗保护传承开辟新路径：拓展文化表达维度，激活传统技艺当代价值，并为连接历史文脉与未来创新提供了技术支撑。

二、驱动非遗变现创新，拓展“以艺养艺”路径

快手平台正在成为非遗传承人实现“以艺养艺”的重要舞台。数据显示：2024年非遗创作者变现人数同比增长13.1%，总收入年增幅达11.4%，其中传统戏剧、曲艺类增速领跑全品类，收入增长人数同比增长27.1%，展现出非遗与数字经济融合的发展前景。

（一）陕北说书传承人高小青：线上展演驱动艺术与商业共赢

陕北说书传承人高小青（@陕北说书高小青），1972年出生，陕西省延安市人。14岁为谋生学艺至今近40载，他将说、唱、弹等技艺融会贯通，根据不同情节和人物灵活运用“九腔十八调”，将故事中的喜怒哀乐演绎得淋漓尽致。在平台支持下，高小青创新打造舞台《陕北说书·赶集书场》，并深入陕北各乡镇大集，舞台集说书表演与才艺互动为一体，实现与民同乐，让传统文化在烟火气中扎根群众。高小青在艺术创作的

同时，也在思考陕北说书如何才能在激烈的竞争中传承下去。他积极探索“曲艺+电商”模式，通过直播打赏和电商带货为艺术创作提供持续动力。数据显示，高小青直播单场在线人数能达到数千至上万，快手小店销量超300万件。在快手平台，陕北说书月均视频播放量超1.2亿次，日均直播场次约190场，并汇聚着超600位活跃的陕北说书艺人，这门古代艺术在数字时代正在焕发蓬勃生机。

（二）二人台传承人王茂林、王丽霞：“戏曲+电商”助力非遗传承

国家级非遗二人台传承人王茂林、王丽霞（@王茂林王丽霞），这对被誉为“西北笑星”的“80后”夫妻，从艺20余年，足迹遍布晋陕冀内蒙古乡村。2016年起，他们将二人台艺术搬到快手直播间，通过短视频+直播的方式打开了戏曲类非遗传承的新天地，收获了近160万粉丝。在艺术呈现上，二人在传承经典基础上，巧妙融入漫瀚调、山曲儿等元素及即兴创作，赋予了二人台鲜明的当代表达。为实现更好的传承与发展，二人创办了“萨拉齐王茂林二人台艺术团”，十年间，剧团规模从一个扩展至三个，累计在各地演出3000余场，并多次获评“内蒙古十佳民间剧团”。依托“才艺直播+助农带货”模式，带动夫妻二人月均增收2万~3万元，保障团队10名演艺人员就业，在直播过程中推介家乡特产，有效激活了当地工厂产销，月均代销农副产品超300万件，实现了文化传承与经济效益双赢。

三、推动非遗技艺传承，深化培训探索实践

2024年，快手发起“非遗传习学堂”项目，这是国内首个结合互联网平台优势，系统性为困境非遗传承人提供帮扶支持的公益项目。通过短视频创作、AI技术应用、非遗授课技巧、知识产权保护等课程，“非遗传习学堂”助力传承人通过数字平台传播非遗技艺。第一期、第二期项目覆盖山西、甘肃、青海三省，累计支持超40位传承人，授课场所覆盖50所乡村学校和社区，触达学员逾1.5万人次。在二期重点推出的“数字传承人计划”中，智能文案生成与多模态内容创作技术首次融入非遗传播。传承人通过实操掌握AI工具，实现剪纸、景泰蓝掐丝珐琅、泥塑、花儿、德昂酒智书法等技艺的数字转化。AI技术承担“数字创作助理”职能，协助构建从技艺展示到文化传播的完整数字化链路。未来，快手非遗传习学堂还将继续以数字之力，守护传统之美，让每一位关心、喜爱着非遗的同路人，共同见证传统文化“破圈”生长。

四、扶持戏曲创新传承，搭建非遗数字新舞台

在中国，每片区域都有其特色戏曲类非遗，这些可以唱的“活化石”生动讲述着各区域独有的底蕴和风貌，具有重要的文化价值。为深化戏曲传承，快手于2025年年初启动“老铁梨园”剧团扶持计划，面向全国戏曲表演剧团，通过亿级流量扶持、官方指导宣推、百万现金补贴、IP联名合作、重磅活动邀约等多种方式，从0到1全方位扶持戏曲剧团创新发展，旨在打造戏曲演出的第二个舞台。

同时，快手也在持续打造“新市井好角儿”“非遗妙会”“云上庙会”“非遗仲夏夜”等特色IP，不断探索推广传统戏曲的表演形式，放大戏曲非遗的影响力，让更多人尤其是年青一代了解、认识并爱上戏曲。未来，平台将持续做好戏曲类非遗创作者的扶持工作，做好全链路的作者运营工作，让戏曲传承人更好地在创新平台上发挥所长、实现文化传承。

微博：构筑非遗传播新生态

以微博为代表的社交媒体，将非遗的创新传播、全民共享、文化增值、赋能发展等效应进一步放大。微博既是驱动非遗创新传播的“扩音器”，也是深化非遗全民共享的“破圈场”，更是实现文化符号强化与资源连接的“连接器”。本文从微博非遗传播主体、非遗兴趣用户、非遗内容创作、跨界非遗合作以及非遗传播趋势五大方面呈现2024微博非遗发展总览。

一、非遗生态数据洞察

（一）微博非遗传播主体

2024年，微博平台非遗传播生态持续繁荣，用户参与热情高涨。平台凭借强大的聚合能力，汇聚超1000个非遗传承人及保护单位，其中40岁以下的非遗传承人占比65%，成为非遗传播的中坚力量；中国非遗保护协会@非遗人之家、@北京民艺非遗研究院、@四川非遗等机构构建起日益完善的矩阵，持续产出优质内容；知名专家组成的智库，常态化分享洞察，以专业视角为非遗注入发展动能。在多方合力之下，微博汇聚政府机构、专家智库、非遗传承人等多元主体，以社群化、全民化、共创化、多元化的非遗创新传播模式，助力非遗的普及宣传从“单向输出”转为“全民共享”的文化实践。

1. 微博已成为非遗传承人展示与交流的重要窗口

众多非遗代表性传承人在微博汇聚，其中刺绣技艺、剪纸技艺、书法等非遗传承人数量位居前列。微博平台数据显示，非遗传承人年龄分布呈现年轻化趋势，31~40岁的青年群体占比最高（34.34%），正成为非遗在社交媒体传播的中坚力量。

2. 非遗机构布局线上矩阵，激活数字化传承权威空间

文旅、非遗机构账号及联动的非遗企业、机构账号带动非遗的持续传播，推动非遗

与现代生活相联结。以“非遗内容＋热点共振”为引擎，推动兼具文化内核与网络语境的非遗传播内容，有效激活微博青年参与非遗保护传承的热情，实现传统文化在数字空间的创造性转化与年轻化传播。

3. 微博非遗聚合智库专家力量，推动传统文化创造性转化、创新性发展

2024 年，微博成立非遗智库专家团，通过常态化洞察分享、热点事件深度解读，构建非遗领域专业智库平台，以学术智慧赋能非遗保护实践，推动传统文化创造性转化、创新性发展。

4. 媒体微博充分发挥专业、权威和动员优势，成为非遗传播重要引擎

在信息传播过程中，媒体微博凭借其权威身份、专业的内容生产能力与广泛的受众覆盖基础，成为推动传统文化活态转化的“文化引擎”。他们通过议题设置构建文化认同，实现从“传播”到“共鸣”的价值升华，在青年群体中树立文化自信。其在非遗传播中兼具三重角色：连接古今以弥合代际圈层鸿沟，守护内容本真性以抵御文化消解，借现代叙事与技术赋予传统时代活力。其价值不仅在于“让更多人看见”，更在于通过系统化传播构建“认知—认同—参与”的完整链条，使非遗真正融入现代生活，成为民族文化自信的源头活水。例如 @ 央视一套的热点话题 # 非遗里的中国 #，@ 光明网的热点话题 #2024 中国非遗年度人物 #。

（二）微博非遗兴趣用户

微博依托平台亿级用户规模与高活跃度社交生态，聚合平台非遗爱好者群体，有效激活非遗内容的社交传播势能，助推非遗在多元用户群体的精准触达与深度覆盖，逐渐形成从专业圈层到大众群体的非遗传播矩阵，推动传统文化在多元用户中的精准触达与深度渗透。

1. 微博非遗兴趣领袖构成多元

微博上，20 ~ 25 岁的年轻用户正成为非遗兴趣领袖主力军，其中女性占比近八成。非遗兴趣群体已广泛渗透至明星、体育、旅游、美食、电竞等多个垂直圈层，展现出强大的跨圈层影响力。

2. 微博非遗兴趣网友地域分布情况

在城市层级分布中，四线及以下城市用户占比最高，达 31.61%，县域非遗传播呈现“小镇反哺”的新态势，承担内容策源功能，与一线城市形成“线下＋线上”的文化

传导链。

（三）微博非遗内容生态情况

2024 年，英歌舞、盒子灯、簪花、越剧、漆器、蜀锦等非遗项目在微博平台持续引爆热点，相关话题阅读量屡创新高，用户互动讨论热度攀升，成为年度文化传播现象级内容。微博上年轻用户的深度参与，推动非遗内容从单一展示转向多维互动，平台话题聚合效应进一步促进非遗的广泛传播，越来越多非遗项目被感知，非遗正在打破微博用户的圈层壁垒，实现高覆盖、高频度的“出圈”。

1. 微博热搜成为文化传播的放大器

2024 年，微博全年产生非遗相关热搜话题超 1100 个，涵盖非遗节庆活动、大 V 深度探访、线上互动体验、跨界创新合作等多元内容形态，累计阅读量突破 800 亿次。通过主流媒体定调、非遗传承人参与、垂直 KOL 深耕、全民共创的协同机制，实现传统文化从“被看见”到“被热爱”的价值跃升，为非遗的活态传承构建可持续发展的数字生态。例如，2024 年微博热议的非遗相关话题有 # 春节申遗成功 #@ 新华社、# 焕新非遗计划 #@ 微博非遗等。

2. 微博助力非遗破圈，从热搜榜单到用户共鸣

2024 年，剪纸、打铁花、舞狮等非遗项目持续领跑热度榜，成为网友心中最具魅力的传统文化符号。此外，多元主体的创新表达正为非遗注入澎湃传播动能，并成功带动年轻群体对传统工艺的热情探索，借助“意见领袖”效应赋能非遗新生；国家级非遗苏绣项目代表性传承人 @ 不偷懒的姚建萍，在文化与自然遗产日发布的苏绣力作，实现非遗“破圈”传播；品牌 @ 葵珍大瓜子巧妙结合春节场景，联动桃花坞木版年画的营销活动，成为 2024 年传统年俗与现代消费融合的典范，以品牌跨界，创意焕新。@ 联合国教科文组织宣布的“春节申遗成功”喜讯，点燃了全网的文化自信与民族自豪感。

微博平台公众对非遗的关注，是传统文化拥抱新平台、对话新人群的生动写照，印证了非遗在创新传播中焕发的强大生命力，彰显了全民日益增长的文化认同与自信。

二、促进跨界协同焕新非遗

2024 年，微博发挥资源整合与生态链接的优势，助力非遗链接影视综艺、时尚美

妆、游戏电竞等多元领域的跨界资源，拓宽非遗传播的边界与效能，为非遗的传承与发展注入源源不断的动力。

（一）影视明星跨界　赋能非遗活态传承

微博平台链接制作方、非遗传承人及文化机构等多方资源，以非遗为核心文化内容，促成“非遗 +”跨界联动，绘就多方参与“同心圆”。电视剧《蜀锦人家》热播期间，微博以剧中非遗蜀锦为切入点，通过“线上话题 + 线下探访”模式，推动影视剧深度赋能非遗传播，以剧中承载的蜀地文化与非遗蜀锦为活动核心，联动非遗传承人胡光俊等四川本地非遗传承人通过剧集追溯蜀锦历史，邀请 30+ 非遗合伙人进行深度解读，传递蜀锦的工艺美学与文化价值；同时联合文旅、文博单位发起 # 看蜀锦人家逛安逸四川 # 话题矩阵，引导主演团队参与博文互动，形成剧集热度与文化体验的紧密捆绑。

活动通过整合影视制作方、文旅、文博单位、非遗传承人、主演创作团队及非遗相关意见领袖等多元主体力量，推动话题内容突破圈层壁垒，广泛触达文化、旅游、影视等兴趣人群。运营期间话题登陆区域热搜高位，累计阅读量突破 5000 万，借助剧集的文化代入感和社交媒体的互动性，引导用户从“追剧”走向对当地文化的“云游”与“探讨”，以影视宣发的短期热度赋能区域文化价值的长效积淀，有效提升非遗相关热点的跨界影响力。

（二）非遗合伙人　驱动跨界传播热度跃升

微博作为覆盖多元化垂直领域的社交媒体平台，其各领域的创作者均对非遗表现出显著关注与兴趣。2024 年，@ 微博非遗结合自有 IP# 焕新非遗计划 #，招募 200+ 非遗合伙人，覆盖了文化、旅游、美食、读书、科技等 20 余个垂直领域，微博粉丝总量突破 4.7 亿，通过实地探访、体验互动等形式深入挖掘非遗技艺背后的文化故事，扩大非遗在微博的曝光度，带动公众关注非遗，为非遗保护注入新动力。

微博平台上的“意见领袖”成为参与非遗跨界传播的重要力量。2024 年，李子柒回归后发布的三条非遗主题视频在 24 小时内获得 1.8 亿次播放，相关话题阅读总量突破 14.5 亿次，# 李子柒复出首秀来了 ## 李子柒非遗工作站成立了 # 等 55 个关联话题相继登上微博热搜榜，成为首位微博“焕新非遗匠心守护大使”，有效带动公众对非遗的关注。围绕重要节日节点，持续激发非遗合伙人的创作活力，2024 年春节期间，@ 微博非遗联合 @ 文旅之声共同发起 # 非遗过大年 # 主题活动，@ 抬头看风景 nono、@ 学霸课长等 30 余位非遗合伙人成立非遗探访团，实地探访具有地方特色的年俗技艺与非遗项目，极大丰富了节日期间的文化供给。

这些来自不同领域的意见领袖，依托社交媒体的互动生态与传播势能，通过内容共创、热点引爆、跨界联动等方式，持续将非遗带入更广阔的大众视野，激发社会公众对非遗的关注热情与参与意愿。

（三）构建非遗跨界融合新生态　激活文化资源可持续动能

微博全域性社交媒体平台属性，可链接不同的兴趣圈层，打通非遗传承人与多元产业主体的连接路径。2024 年，@ 微博非遗联动国家级非物质文化遗产项目苏绣代表性传承人姚建萍与美妆博主 @ 余泡泡 Jaye_，将苏绣《荷露清韵》经典纹样转化为动态仿妆，联合 @ 中国妇女报发起 # 女生让苏绣上的荷露成精了 # 话题，依托平台流量引擎与非遗合伙人矩阵，激发大量用户参与创作非遗仿妆，相关话题迅速登上微博热搜，获得超 400 万的阅读量，实现了非遗技艺的年轻化传播，助力非遗走入大众生活视野。

非遗跨界联动生态通过多元主体的积极参与和创新实践，充分证明了其在反哺非遗传播与传承方面的显著价值。微博通过搭建非遗资源与多产业主体之间的连接桥梁，持续拓展“非遗 +”的跨界实践半径。跨界传播不仅让非遗在不同经济社会领域中绽放独特魅力，更借助微博平台，突破圈层限制，触达更广泛的受众群体，推动非遗在当代的活态传承与创新发展。

三、以非遗为抓手，多维驱动地方文旅发展

（一）非遗新势能　打造地方文化新名片

广东英歌舞、福建游神、四川蜀锦等独具地域特色的非遗项目，成为各地活态名片，带动地方文旅从“出圈”到“破圈”，实现跨地域、高转化传播，为各地注入文化新动能。2024 年，微博平台非遗兴趣用户最多的地区是广东省、江苏省以及浙江省，受关注度高的非遗项目如英歌舞、昆曲、越剧等非遗项目顺势带动地方文旅出圈，这些承载千年文脉的活态遗产，正通过社交平台的裂变传播焕发新生。

（二）从线上破圈到线下落地　微博构建非遗 + 文旅立体传播模式

各地文旅发展不断探索“非遗 + 文旅”新生态，纷纷借力互联网平台扩大传播声量、打响品牌影响力，其中微博成为重要阵地。微博平台放大各地联动效应，以非遗为

内容核心，通过整合地域特色资源、捕捉社会热点元素、借势跨界合作模式、推动线上线下深度联动等多元方式，助力激活地方文旅产业的发展动能。2024 年 8 月，@ 微博非遗以 # 中国人的拿手好戏 # 为主题开展戏剧主题月，携手 @ 昆山发布打造 # 百戏昆山盛典 # 线上线下文化盛事。活动期间，联动全国 50 余家文旅部门、博物馆及共青团系统政务官微，形成强大的官方传播矩阵；邀请 @ 京剧郭玮、@ 方莛玉等戏曲行业名家通过台前幕后短视频，生动展现戏曲类非遗的传承故事，形成了政务引导、声量赋能、专业诠释的非遗传播新模式，助力昆山戏曲名城出圈，形成“非遗 + 文旅”的现实传播案例。

2024 年 11 月，# 微博焕新非遗盛典 # 在成都举行，全国 800 余政务官微、媒体、非遗传承人及非遗合伙人齐聚，共享文化盛宴。活动展示了丰富的非遗好物，同时邀请大 V 线下探访，感受四川百城百艺。活动期间，# 李子柒把星空搬到了非遗盛典 ## 天府非遗周 ## 蜀不尽的非遗 # 等 32 个话题登上热搜，相关阅读量近 7 亿，多元展现了四川非遗风采。

“非遗 + 文旅”的立体化传播运营模式下，非遗的在地价值不断凸显，正成为带动地方文旅发展的“超级 IP”。依托微博平台社交势能，以非遗为纽带深度激活地方文旅资源，赋能非遗活态传承与文旅产业升级，不断探索文化破圈传播与在地经济增值双向循环的新路径。

四、非遗在微博传播的四大趋势

（一）青年传承人与创作者彰显非遗活力

微博作为年轻人社交媒体平台，与非遗年轻化传播趋势相适应，呈现出鲜明的代际转换与社交化传播趋势。依托平台社交生态属性，如热搜广场、热门话题等互动空间，非遗爱好者形成趣缘社群，实现非遗社交化传播。2024年，微博发起#焕新非遗计划#，凭借7.8亿阅读量和500万互动量，成功连接传承人、内容创作者和普通爱好者，构建多元主体参与的传播网络。此类非遗传播促传承的实践，正推动非遗从单向传承向多元共创转变。

（二）推动跨界融合　助力非遗传播

微博平台所具备的多元主体生态，为非遗跨界传播提供了天然的土壤。在《甄嬛传晚会》《国色芳华》热播期间，微博邀约剪纸传承人 @ 蔚县剪纸周利伟为甄嬛小主制作剪纸“小像”，话题 # 非遗传承人为甄嬛小主剪小像 # 上榜微博实时热搜；邀约 @ 茶百戏传承人、@大理白族扎染非遗传承人张翰敏、@蔚县剪纸周利伟3位非遗传承人为剧中角色精心定制不同形式的剪纸人像，并通过电视剧官方微博的互动，吸引了大量粉丝群体的目光，让更多人了解并关注非遗。这些跨界碰撞不仅为影视作品的宣传增添了丰富的文化内涵，同时也借助影视剧和明星的广泛影响力，使非遗成功“破圈”。

除了影视明星的联动，微博也积极助力非遗传承人链接跨领域合作资源，如时尚媒体、美妆博主等，推动传统技艺与现代元素或场景相融合，吸引众多年轻群体关注。这种“非遗+”的跨界模式，不仅为各行业带来了新的发展机遇，也为非遗提供了更广阔的展示平台，实现非遗与跨界合作领域的双向赋能。

（三）数字科技放大活态遗产当代价值

微博平台作为非遗数字化传播的重要阵地，洞察人工智能在非遗传播中的重要作用，通过聚合非遗数字化内容并结合平台优势，有效放大非遗传播效果。例如，@人民日报在微博开设#十二生肖非遗拜年AI海报#话题，利用智能技术融合传统生肖文化与现代设计美学，鼓励用户参与二次创作，引发广泛关注和讨论。未来，随着人工智能技术的不断迭代升级，非遗的数字化表达与社交化传播将迎来更广阔空间。

（四）品牌创新转化　助力非遗融入现代生活

微博平台的社交属性，为非遗链接丰富的跨界资源，助推非遗在日常生活中释放持续活力。2024年，微博作为非遗传播的重要阵地，以年轻化、社交化、跨界化传播特色推动非遗传播声量不断扩大，助力非遗的创新传播、社会黏合、符号强化与资源链接。越来越多非遗传承人入驻微博平台，发布系列高品质、高讨论度非遗内容作品，化身非遗“行走的代言人”；更多优质非遗内容透过微博热搜被看见，推动非遗从“业内传播”到“公众参与”的范式升级；地域特色鲜明的非遗项目借助微博平台传播矩阵，赋能地方文旅“出圈”，有力带动地方经济发展；微博平台主导非遗元素链接影视综艺、美妆时尚、游戏电竞等跨界资源，呈现出强势“破圈”效应，持续释放非遗保护传承的强劲活力。

未来，微博平台将持续探索非遗的数字化表达与全球化传播，发挥平台全链路传播与社交裂变优势，为传统文化注入可持续发展新动能，推动非遗与现代生活的深度融合，助力非遗的“活态传承”与“全民共享”。

淘宝天猫：促进非遗消费，助力非遗传播

数字时代背景下，“非遗 + 电商”模式有效建立起了非遗保护与生活消费之间的纽带，淘宝天猫平台上的非遗相关产品消费规模保持双位数增长，成交额继 2023 年首次突破千亿后，2024 年达到 1300 亿元，同比增长了 21.3%。非遗相关产品消费者的人均消费额从 2023 年的 430 元提高到了 2024 年的 513 元。非遗产品的供给也越来越丰富多元，淘宝天猫上非遗相关产品供给规模从 2023 年的 6233 万增加到了 2024 年的 8900 万。淘宝天猫平台立足自身业务特色，结合商家和消费者的需求，从故事、产品、品牌、知识和技能等五大方面，助力非遗传播。

一、用平台链接消费者，积极传播非遗商家故事

淘宝天猫围绕非遗主题，策划拍摄了《寻光》系列短片。通过淘宝店铺和手艺人的案例故事，讲述传统文化在现代社会中的传承与发展。同时，展现淘宝等电商平台在帮助非遗手艺人成长过程中发挥的作用，让更多有手艺的匠人了解电商、加入电商，更好地服务非遗产品消费者。

短片第一季共 8 集，每集 4 ~ 5 分钟，从 2024 年 9 月开始陆续在阿里巴巴集团微信公众号、淘宝 App 等平台播出。由淘宝员工、非遗业务负责人刘鑫扮演“寻光人”的角色，以时令节气为时间轴，每期探访一到两家淘宝非遗店铺。8 集的主题分别呈现了绒花、通草花、大漆、金箔、皮老虎、余杭滚灯和瓷器的制作技艺。短片以一名普通非遗爱好者的视角，走近非遗匠人，通过访谈、亲自体验非遗技艺等，呈现非遗手艺人对非遗传承的理解与坚守。目前短片的播放量达 20 余万次，点赞量达 2.3 万个。短片也为非遗商家带来了更多关注和商机。第 1 期“竹编灯”播出后，店铺“篾匠姑娘”持续收到商业合作邀约。“篾匠姑娘”徐无瑕是一位竹编手艺人，她以千年竹编技

艺筑灯骨，一盏应景的“青蛇灯”不仅登上湖南卫视的春晚，还被明星“自发带货”。在2024年天猫“双11”活动期间，“篾匠姑娘”店铺累计成交金额达到了去年同期的12.6倍。

二、助力拓展非遗市场，让全球消费者了解喜爱非遗

电商为非遗产品和服务提供了跨越地域限制的在线销售平台，使原本可能局限于特定区域或小众市场的非遗项目能够触达全国乃至全球消费者，极大拓展了非遗相关产品的市场覆盖范围。

通过互联网的广泛传播，电商有助于吸引更广泛的年轻消费群体和国际买家关注非遗，使非遗从相对封闭的传统区域圈子走向更广的大众视野，走向国际市场，有效提升非遗的国内外社会认知度和影响力。例如广西博白芒竹藤编非遗传承人黄连将通过淘宝和阿里国际站实现国际化的成功案例。黄连将是广西博白芒竹藤编非遗技艺的传承人，藤编技艺历史悠久，但此前主要局限于本地市场，难以触及国际消费者。2023年，阿里国际站和阿里公益启动“非遗闪耀计划”，黄连将的藤编产品成为首批出海项目之一。

美国环保产品采购商拉切尔通过该专区联系到黄连将，双方合作开发了符合欧美市场偏好的藤编包、灯饰、挂饰等产品。阿里国际站提供数字化外贸技术，使藤编产品“一键卖全球”，无须线下渠道即可触达海外买家。藤编产品在阿里国际站美国峰会上亮相，吸引大量关注，现场买家直接下单采购。黄连将采用“公司＋订单＋农户”模式，带领1600多位村民参与生产，300多户收入显著提升。

电商平台通过数字化技术、国际渠道和文化赋能，帮助非遗产品突破地域限制，实现了全球化销售与文化输出。

三、赋能非遗商家创新营销方式，提升品牌价值

电商平台利用大数据、个性化推荐、直播带货、社交媒体营销等新型工具，帮助非遗传承人和相关企业精准定位目标市场，实现个性化推广，精准营销，增强非遗相关产品的市场吸引力。

同时，电商平台可为非遗产品提供标准化展示、权威认证、用户评价等服务，有

助于塑造和强化非遗品牌的公信力与专业形象，提高消费者复购非遗产品的忠诚度，有效提升商业价值。例如由非遗代表性传承人田欢于2016年创立的手工铁锅品牌“铁娃公社”就是其中的优秀代表。铁娃公社的创始人田欢出生于打铁世家，对铁艺和铁器有天然的情感和敬畏。铁娃公社的匠人分为四类：一是技艺纯熟的老技师，共有七八位，负责团队整体技术的把控和指导，以及复杂技艺的操作。二是中青年技师，共有二三十位，他们是团队的技术中坚力量，负责技术创新和一般技艺的操作；三是助手级学徒，共有二三十位，负责初级工艺的操作。这些技师原来主要从事农具制作，一个月收入四五千元。与铁娃公社合作后，每个月的收入能达到一两万元。三类匠人有很密切的技艺交流，也有很清晰的技能成长路径。四是当地的留守妇女，共有六十多位，负责给铁锅上锤纹，工作时间和地点能够兼顾照护家庭，一个月的收入能达到五六千元。

铁娃公社从2019年开始涉足电商，开了淘宝店。客户群体开始遍布全国，订单量也开始大幅增长。原有的手工定制模式，由于产量低、品控不稳定的原因，开始面临挑战。田欢一方面坚持“纯手工”的产品特色，在产品定位和定价方面没有盲目对标大品牌，另一方面借鉴先进生产流程管理理念，将生产模式从原有的“一锅一匠人”改为“一环节一匠人”，流水线式的生产方式让每个匠人专注锻造自己擅长的领域，同时前后互相检验和矫正产品品质。自此之后，不仅产量提升、更适应电商的供应链，品控也有显著提升，获得消费者的持续青睐。

铁娃公社的主打产品是锅具，品牌的设计、宣传和推广都特别注意保留一种传统的“烟火”味道，这也是消费者对铁娃锅具情有独钟的重要原因。尽管是一个线上品牌，但铁娃积极参加全国各地的各类线下市集和社区活动，通过与消费者在生活化场景中的接触来加深情感联结，让很多消费者成为铁娃的铁粉，产品的回头客特别多，在社交媒体上的讨论也特别有生活气息。

到了2023年，铁娃公社的年销售额已经突破1000万元，同年10月正式入驻天猫，开始发力做品牌。田欢合作的铁匠师傅也突破了100位，为他们带来稳定营收。2024年“双11”全周期，铁娃公社总成交额突破1600万元，其中天猫店是去年同期成交额的3.3倍。品牌在淘系全年总营收超7000万元。

四、助推非遗知识普及传播，深化文化浸润效果

电商平台通过图文、视频、VR/AR 等多媒体形式，线上互动体验活动（如手工艺直播、云课堂等）等，让消费者能直观地了解非遗的文化内涵和当代价值，提升沉浸式传播效果，有效增强了非遗品牌的知名度、美誉度。

直播销售已成为未来非遗消费的主体模式之一，具有实时交流和获得反馈的优势，互动性和真实性更好。由于非遗产品往往具有销售价格较高、数量较少、个性鲜明等特点，因此直播更能展现工艺细节和制作过程。例如景德镇钟家窑通过淘宝直播展示柴窑开窑过程，成功吸引大批观众并实现高成交额。钟家窑是景德镇知名非遗窑口，以古法柴窑烧制工艺闻名。自 2020 年起，钟家窑将传统开窑仪式搬进淘宝直播间，通过实时展示陶瓷烧制、开窑、鉴宝全过程，让消费者直观感受非遗技艺的魅力。开窑过程中，非遗传承人“三哥”（把桩师傅）出镜讲解柴窑烧制的温度控制、釉色变化等工艺细节，提升文化附加值。消费者通过直播参与“押窑”（预售未开窑的瓷器），开窑后根据成品品质决定是否购买，增加趣味性和信任感。单场开窑直播峰值观众超 10 万人，2024 年累计观看量突破 500 万。2023 年通过直播带动线上 GMV 达 3000 万元。直播间复购率 35%，远高于行业平均水平（15%）。

直播打破了地域限制，让全球消费者“亲眼”见证非遗技艺的复杂性与匠心，如柴窑烧制需 72 小时、成品率仅 30% 等细节。通过“开窑 + 押窑”玩法，将非遗转化为消费动力，客单价超 2000 元的青花瓷茶器热销。

另外，电商平台上的非遗店铺和产品页面中，往往展示了丰富的非遗技艺和文化故事，成为公众了解非遗的重要窗口，有助于传统文化的普及教育，对建立非遗保护意识具有重要价值。一个典型案例是淘宝店铺“陶纹山屋宜兴原矿紫砂壶”，该店铺作为宜兴紫砂陶制作技艺的非遗传承商家，在商品详情页系统性地展示了紫砂文化和专业知识。此店铺创建于 1997 年，位于紫砂发源地宜兴丁山，专注于原矿紫砂及原创手作。其商品详情页包含以下非遗知识普及内容：（1）材质科普。详细介绍紫砂泥料的三大类（紫泥、红泥、本山绿泥）及其特性，解释“双重气孔结构”对茶汤的影响。（2）工艺传承。展示从明代时大彬到现代顾景舟的制壶流派演变，配以历史文献《阳羡茗壶系》的图文解读。（3）器型分类。用三维解剖图说明光货、筋囊、花货三大造型体系，标注

子冶石瓢、思亭壶等经典器型的尺寸比例。（4）使用指南。提供开壶养壶教程，包括“热水醒壶”“茶汤滋养”等传统养护方法。该店铺详情页平均停留时长 8 分钟，远超行业 2 分钟的均值。用户调研显示，87% 的买家因详情页文化内容产生收藏意愿。

五、支持非遗技艺传承，强化线上经营能力

电商销售模式为非遗传承人带来直接经济收益，提高收入水平，激发传承热情，为非遗传承提供经济基础。电商平台通过举办线上培训课程、分享会等活动，帮助非遗传承人掌握电商运营、网络营销等技能，提升线上运营能力。例如淘宝早在 2015 年就启动了“淘宝手艺人计划”，致力于为全国各地的非遗传承人、工艺美术师、手工匠人、手作设计师等服务，帮助其提升产品和技艺的创新转化能力、市场经营能力、数字传播能力。2021 年启动淘宝手艺人“星火扶持计划”，连续三年免费提供线上运营培训和成长链路指导。2023 年该计划又升级成为“百匠入淘计划”，覆盖陕西、江西、贵州、云南等非遗产业带，与地方政府部门紧密合作，提供多渠道教育服务，开拓传统工艺从业者触网开店 500 余家，提升各项产品研发及销售能力。

非遗通过消费在现代生活中的推广与普及，其核心驱动力源于人民对中华传统文化的强烈归属感。这种归属感在中华民族伟大复兴的新征程背景下不断增强，让消费者对中国的历史、文化、艺术产生深厚的热爱和认同，进而推动非遗消费兴盛。消费者们不再满足于传统的消费模式，而是寻求更深层次的文化体验，这为非遗产品的开发与推广提供了广阔的市场空间。同时，非遗从业者对中国传统文化的理解也不断深化，并将传统文化与现代科技、市场理念相结合，研发出更多具有独特性和创新性的非遗产品，成为新质生产力赋能传统产业的典范。创新的非遗产品不仅满足了消费者品质生活的新需求，还有力地推动非遗相关产业科技化发展、品牌化发展，实现“见人见物见生活”的发展目标。

非遗消费是非遗保护和非遗传播走向未来的重要路径，也是向世界展示中华传统文化魅力的重要方式，对此，应坚定不移地推动非遗消费实现可持续发展，坚持在保护中传承、在传承中发展的理念，让非遗在现代生活中散发出璀璨光芒。

数字浪潮奔涌间，非遗正经历从“静态遗产”到“活态文化”的蜕变。这场变革不仅激活了消费市场与文旅经济，更让文化自信扎根于代码编织的新时空。未来，非遗必将以更灵动的姿态融入人间烟火，在技术创新与传统智慧的交响中，谱写永续传承的文明新篇。

观察篇

2024年，是我国加入《保护非物质文化遗产公约》20周年，非遗传播工作展现出前所未有的活力与深度。在非遗系统性保护水平不断提升的大背景下，非遗传播已从单一宣传告知发展为全民参与、多维互动、技术赋能的文化实践活动。2024年，非遗传播成效显著，不仅提升了非遗的社会可见度与经济价值，更深度融入国家重大战略，有效发挥文化教育功能，深化国际文明交流互鉴。通过从传播主体、对象、渠道、内容、活动、方式、技术等维度进行系统梳理发现，2024年度非遗保护呈现出传统与现代交相辉映、保护与发展相得益彰的良好局面。

传播主体：从政府主导到多元协同的生态体系持续完善

2024 年，非遗传播主体构成持续发生根本性变革，从以往政府主导的“单一化”模式，转变为政府、传承人、社会组织、青年群体、学术机构、市场力量及社会公众共同参与的“多元化”生态体系。这一主体扩容与协同联动的趋势，丰富了传播声量与层次，推动非遗保护水平不断提升。

一、政府主管部门：从管理向服务的转变

政府主管部门在非遗传播中承担了宏观引导、政策制定与平台搭建的关键职责，扮演着重要角色。此前，政府主管部门组织开展，是各类非遗宣传展示活动的主要方式。2024 年，各级政府主管部门在持续举办各类非遗宣传展示活动的同时，进一步转变角色，从直接管理向系统赋能拓展，通过构建制度框架、整合社会资源，为多元主体参与创造有利条件。

一是持续强化顶层设计与制度保障。2024 年,《关于进一步加强非物质文化遗产保护工作的指导意见》深化实施，推动非遗保护从“抢救性”向“系统性”全面升级。文化和旅游部等国家部委完善法律法规体系，为传播工作奠定坚实的法理基础。截至 2024 年,《中华人民共和国非物质文化遗产法》实施以来，全国 31 个省份均出台地方性保护条例，形成国家、省、市、县四级联动的法律网络。据 2024 年 11 月全国人大常委会执法检查组报告显示，我国已有近 87 万项非遗资源，四级代表性项目超过 10 万项，其中国家级项目 1557 项，构建起全球最大的非遗资源库，为传播工作提供权威指引与制度保障。[①]

① 中国政府网，从执法检查报告看我国非物质文化遗产法实施成效：https://www.gov.cn/yaowen/liebiao/202411/content_6984933.htm。

其中，2024年，《贵州省省级非物质文化遗产代表性传承人认定与管理办法（试行）》《江西省省级非物质文化遗产代表性传承人认定与管理办法（试行）》《辽宁省省级非物质文化遗产代表性项目保护和管理办法》《甘肃省级非遗工坊认定与管理办法》等省级非遗代表性项目、代表性传承人、非遗工坊管理办法等印发，进一步完善非遗保护制度体系，为进一步提升非遗系统性保护水平提供了制度保障。

二是组织开展多类型非遗宣传展示活动，各级政府主管部门持续成为非遗传播活动的组织核心与主要阵地。官方组织开展的以非遗宣传展示活动为重点的传播活动，在搭建专业展览展示平台的同时，有效整合不同地区的资源，形成了合力推动非遗传播的良好局面。文化和旅游部牵头举办“文化和自然遗产日”“非遗购物节”“茶和天下”“欢欢喜喜过大年”“欢乐春节”等国家级品牌活动，通过上下联动、政企协同，形成强大传播矩阵，在全国范围内形成了强大的非遗传播带动作用。例如，“文化和自然遗产日”期间，文化和旅游部集中开展系列非遗宣传展示活动，开展有气象万千——中国非遗保护实践主题展、云游非遗·影像展、“非遗里的美好生活”摄影作品征集展示活动等重点活动，全国联动开展1.2万场宣传展示活动，进一步提高了人民群众非遗保护意识，传承弘扬中华优秀传统文化，营造非遗保护良好的社会氛围。中国工艺美术馆（中国非物质文化遗产馆）全年举办35个临时展览和152场展演活动，为近千位传承人提供展示平台。② 同时，文化和旅游部广泛发动各地举办“非遗购物节”，结合本地区文化和旅游促消费活动，聚焦培育国货“潮品”等新的消费增长点，推动文旅消费恢复和高质量发展。此外，围绕“保护传承非遗　赓续历史文脉　谱写时代华章”和“保护文物传承文明”主题，全国各地文旅部门积极开展多姿多彩、亮点纷呈的线上线下活动，不断推动文化遗产融入大众日常生活，推动保护利用成果全民共享。

三是持续开展非遗传承人研修培训计划，不断扩大非遗传承人群，提升社会传播水平。自2015年实施以来，由文化和旅游部、教育部、人力资源社会保障部共同实施的“中国非物质文化遗产传承人研修培训计划”取得积极成效，尤其是在扩大非遗传承人才队伍，促进非遗保护理念的社会传播方面成效显著。2024年，中国非物质文化遗产传承人研修培训计划在全国100多所高校持续开展。通过专业理论学习、案例研讨、创

② 央视新闻网，多彩活动迎“文化和自然遗产日”：https//content-static.cctvnews.cctv.com/snow-book/video.html?item_id=10527712820489766631。

作实践等方式，帮助传承人提高文化艺术修养，解决发展难题；帮助学员强化对中华优秀传统文化和所持有技艺的把握，拓宽眼界和知识面，提高传承实践能力。数据显示，截至目前，研修培训计划自 2015 年启动以来，10 年来先后吸纳 149 所本科高校、职业院校和技工院校参与，举办各类研培班 1400 余期，覆盖国家级非遗代表性项目 1300 余项，直接培训非遗传承人 5.1 万人次，对非遗保护多个领域产生了深远的影响，有效地推动了非遗的创造性转化、创新性发展。

此外，全国各省级文旅主管部门，还结合自身实际，组织开展了多种形式的省级研修培训，有效推动当地非遗传承队伍培养和非遗社会传播水平。2024 年，广东省传统工艺类非物质文化遗产传承人培训班、广东省非遗保护业务骨干培训班、福建省非遗保护工作人员及传承人培训班等省级培训班相继举办，有效提升非遗保护工作人员队伍及传承人的能力素质，持续推动当地非遗保护和传承工作迈向新台阶。

二、非遗传承人：从技艺守护到文化传播的角色拓展

非遗传承人作为传播核心力量，2024 年呈现“扩容、提质、活化”特征，他们的角色不再局限于技艺的默默守护，而是主动走向前台，从传统技艺守护者转变为非遗故事讲述者与文化价值传播者。具体而言，主要有以下几点特征。

一是队伍扩容与结构优化。国家级非遗代表性传承人队伍持续壮大。截至 2024 年年底，总数达 3056 人，国家、省、市、县四级非遗代表性传承人总数超过 9 万名。[③] 同时，第六批国家级非遗代表性传承人推荐申报向民族地区、基层社区倾斜，涌现出一批德艺双馨、技艺精湛的新生代和基层传承人，优化了队伍年龄与地域结构。

二是能力提升与创新赋能。在非遗传承人能力提升方面，“非遗传承人研修培训计划”发挥了关键作用，自 2015 年实施以来，已惠及超 10 万人次。2024 年，该计划支持 105 所院校开展 118 期研修班，培训学员 3280 人次。上海大学“一带一路”国际交流班、天津“京津冀非遗产品创新设计研修班”等相继举办，不仅传授技艺，更引入现代设计、品牌营销、数字传播理念，助力非遗传承人打通从“技艺”到“产品”再到“商品”的转化路径，全面激发非遗保护传承创新动能。

---

③ 中国政府网，从执法检查报告看我国非物质文化遗产法实施成效：https://www.gov.cn/yaowen/liebiao/202411/content_6984933.htm。

三是主动发声与网络化传播。数字技术的飞速发展及其在传媒领域的广泛应用，为广大非遗传承人提供了大量主动进行非遗传播的机会。2024 年，非遗传承人积极拥抱新媒体，从被动采访对象转变为主动内容创作者。他们通过直播带货、短视频教学、在线互动等多种方式，将工作室打造为“云上展馆”和“线上课堂”，有效提升了非遗传播效率。

三、社会组织：从桥梁纽带到协同枢纽的功能强化

以中国非遗保护协会为代表的社会组织，在 2024 年非遗传播中发挥“黏合剂”与“催化剂”作用，成为连接政府、传承人、市场与社会公众的重要枢纽，推动非遗保护从“分散行动”向“系统联动”转变。

2024 年文化和旅游发展统计公报数据显示，截至 2024 年年末，全国共有非物质文化遗产保护机构 2397 个，从业人员约 1.7 万人。这些机构全年共举办演出 8 万场，民俗活动 2.1 万场（同比增长 17.2%），展览 2.2 万场（同比增长 2.3%）。④

作为非遗领域的社会组织，各地各级非物质文化遗产保护协会主要负责非物质文化遗产的传承、保护和推广工作，包括组织演出、民俗活动及展览等。2024 年全国各地各级非遗社会组织开展了一系列非遗传播活动，不断提升非遗保护传承利用水平提升。比如，组织志愿者培训，建立专业化非遗传播志愿者队伍，为基层活动提供人力支持；开展“非遗保护优秀案例征集”活动，挖掘推广各地创新实践，形成可复制经验，扩大社会参与范围；整合企业、学术资源向基层倾斜，为中小非遗工坊对接电商平台、设计机构，助力产品升级与市场拓展；联合高校专家为基层传承人提供政策解读、技艺提升指导，缓解信息不对称与资源短缺问题，畅通非遗保护“毛细血管”；推动非遗融入社区公共文化服务，使非遗成为凝聚社区共识、增强文化自信的载体。相关活动数据显示，民俗活动参与度得到显著提升，未成年人参观占比达 22.6%。

作为非遗领域全国性社会组织，中国非物质文化遗产保护协会 2024 年在推动非遗传播工作方面的成效尤为突出。一方面，举办第二届中国非物质文化遗产保护年会，创新展示非遗保护新成果。2024 年 7 月，在文化和旅游部非物质文化遗产司指导下，协

④ 中华人民共和国文化和旅游部　中华人民共和国文化和旅游部 2024 年文化和旅游发展统计公报：https://zwgk.mct.gov.cn/zfxxgkml/tjxx/202505/t20250530_960335.html。

会联合江苏省文化和旅游厅、无锡市人民政府在宜兴市举办了第二届中国非物质文化遗产保护年会。年会以“守正创新，赓续薪火”为主题，由开幕式、非遗大集、年会论坛三大板块构成，组织非遗项目展览展售、年度非遗保护成果发布、非遗学术研讨等活动，系统梳理非遗保护工作，创新展示非遗与现代生活融合成果，打造非遗保护学术平台。其中，非遗大集由“水韵江南”“食行九州”“千茶百器”“锦绣中华”“曲苑杂坛”“窑窑相望　薪火相传”六大板块构成，用创新的形式展示展售非遗项目，三天吸引16万名游客沉浸在“五好”非遗大集之中，尽享非遗“好吃、好看、好听、好玩、好用”的无穷魅力。新华网、澎湃网等上百家媒体参与宣传，人民日报视频端、央视频等媒体对开幕式进行直播、转播，抖音、快手、微博等多家平台都做了内容推送，总观看量超2000万次，全网宣传信息约6万条，总传播量近80亿。另一方面，积极推动非遗融入人民群众新生活。协会秉持“人民的非遗　人民共享”理念，坚持将非遗大集办到百姓身边去，让更多人共享非遗保护发展成果，不断增强人民群众的参与感、获得感、认同感。2024年全年在廊坊、雄安、宜兴、渭南、延安、新余、彭州等多地举办非遗大集，受到老百姓的热情参与。龙年新春期间，联合河北省文化和旅游厅、中信国安集团、央视总台文艺节目中心举办了“龙年非遗大集”，并依托非遗大集场景录制《新春非遗之夜》晚会在央视播放，央视大屏收视率达1.85，活动直播全网总观看量2660万，相关话题总阅读量1.26亿。活动期间现场观摩群众达47万余人，传承人综合销售收入突破1680万元。11月，“激情彭州·龙兴龘龘——彭州非遗音乐大集”成为四川成都彭州老百姓的盛大节日。作为文化和旅游部“多彩中国　佳节好物”文化和旅游贸易促进活动“彭州音乐之旅”活动的重要组成部分，活动以“炫技大舞台”“长廊音乐会”“非遗食神街”“非遗好物街”“非遗动动手”等板块全方位展示非遗风采，打造了全新的非遗主题沉浸式街区，提升了游客的参与感和体验感，活动三天吸引游客近30万人次。

四、青年群体：从传播参与到活力引领的角色升级

青年群体正日益成为非遗传承与创新的生力军，2024年其角色实现了从单纯参与到活力引领的显著跃升。

一方面，他们积极投身非遗志愿者队伍，通过系统化培训掌握专业传播技能，成

为深入社区、学校开展非遗展演、教学的中坚力量，有效解决了基层活动人力不足的困境。另一方面，青年凭借对新媒体、数字技术的敏锐触觉，主导开发短视频、直播、沉浸式体验等传播形式，运用社交媒体平台扩大非遗影响力，吸引同龄人关注，为古老技艺注入时代活力。更重要的是，青年群体不再满足于被动接受与模仿，而是主动融合现代审美与创新理念，主导开发兼具文化内涵与市场吸引力的非遗文创产品，并通过自身运营的电商平台或与大型平台合作进行推广，显著拓宽了非遗产品的受众面与销售渠道。这种从实践参与到创意引领、从文化学习到市场开拓的转变，不仅激活了非遗传承的内在动力，也为非遗的可持续发展开辟了新路径。

2024 年，青年群体开始全面参与非遗传播，为非遗传播注入新鲜的活力，开始从信息接收者转变为传播语态重构者与文化潮流引领者。

一是持续推动传播语态创新。Z 世代青年群体运用短视频、直播、弹幕等方式，解构并重塑非遗表达。青年传承人参与的非遗项目在社交媒体上的话题热度、视频播放量、互动率均呈指数级增长。

二是引领消费潮流。青年创新的非遗产品因其设计感、实用性和文化内涵，在电商平台和文旅消费场景中表现亮眼，有效带动了非遗项目的“自我造血”能力，形成了“传播—关注—消费—再传播”的良性循环。尤其是 Z 世代青年群体作为“国潮”消费主力军，将非遗产品消费视为文化认同与时尚表达。这一消费趋势直接驱动非遗文创转化利用，形成“文化认同—消费行为—产业反哺”的良性循环。

三是参与活态传承。部分优秀的青年传承人及其项目，如融合传统工艺的国潮服饰、基于非遗元素开发的游戏皮肤、以非遗为主题的沉浸式艺术展等，不仅传播了非遗，更成为年轻人追捧的文化时尚，反向影响了主流消费趋势和审美取向，真正实现了从“参与者”到“潮流引领者”的跨越。从具体实践来看，“非遗进校园”活动深化，青年学生从被动学习者转变为主动传承者。比如，山西大学学生自发组建龙狮社、皮影创客社团，年举办活动 50 余场;《晋剧元宇宙》项目吸引超百万用户参与。Z 世代青年群体以算法解构非遗、用双手传承技艺，推动文化传承从“博物馆守护”向“日常生活实践”转型。

推动青年群体“从传播参与到活力引领的角色升级”，关键在于系统性地赋能青年群体，使其不仅是非遗的传播者，更能成为创新者和潮流引领者。

中国非遗保护协会发起的“全国青年非遗传承人扶持计划”正是这一转变的核心推动力。在文化和旅游部非物质文化遗产司支持下，首期项目由中国非物质文化遗产保护协会与中国光彩事业基金会联合发起。自2023年实施“全国青年非遗传承人扶持计划”以来，中国非遗保护协会争取社会资源支持，通过资金扶持、培训交流、展览展售、宣传推广等措施，探索青年非遗传承人培育新途径，助力青年传承人实现新跨越。协会开设“老手艺与新匠人”圆桌沙龙为青年非遗传承人搭建学习交流平台，推荐他们参与中央广播电视总台《人物·故事》等节目拍摄，召开“扶持计划”工作交流会，为青年传承人创造更多的成长机会。协会联合社会力量开辟“青年非遗传承人手作之窗”，为他们拓展销售渠道和传播品牌的窗口。首家“手作之窗”于6月在杭州西溪湿地投入运营以来，直接、间接带动销售逾百万元。“全国青年非遗传承人扶持计划”通过多维度支持，有效激发了青年非遗传承人的创造力和传播力。2024年12月，在“全国青年非遗传承人扶持计划”工作交流会上，扶持计划首期20位入围青年传承人分别分享了工作经验和做法。据统计，一年来他们组织、参与非遗传承实践活动500余场，辐射近16万人，带动乡村实现家门口就业14217人，帮助农民增收1.3亿元。

此外，全国各地还结合自身实际，采取各种方式，加大对青年非遗传承人的帮扶和支持力度。比如，2024广东省非物质文化遗产传承人群种子计划选取12项国家级非遗代表性项目，联动10所种子高校，邀请12名非遗代表性传承人，共遴选和组织216名种子学生组成实践队伍，开展了一系列“非遗进校园”主题讲座、实地研学和实地教学等多层次、多形式的课程活动，创作完成311件学习成果作品。“种子计划”通过非遗传承人引领一批热爱非遗的“种子学生”，开展非遗讲座、非遗研学、实地教学、非遗传承交流会、实操训练等，充分调动学校、非遗传承人、社会团体等多方力量，引导新一代青年学子聚焦非遗，以青春力量赋能非遗传承。

五、市场与社会力量：从边缘参与到核心驱动的作用凸显

企业、平台、社区等社会力量在非遗传播中越发重要，成为连接文化资源与市场需求、激活基层活力的核心驱动力。

一是企业成为推动非遗传播的重要力量。近年来，非遗相关企业数量快速增加。企查查数据显示，近十年，我国非遗相关企业注册量逐年增加，2024年我国累计注册3.9

万家非遗相关企业，创近十年注册量新高。企业存量方面，我国现存 14.7 万家非遗相关企业，其中超六成企业成立于近三年；分布上，我国非遗相关企业主要归属文化、体育和娱乐业，占比达四成。在大传播背景下，非遗相关企业成为重要的非遗传播力量。其中，不少公司借助科技和 IP 力量，不断推动古老非遗融入当下生活场景中。其中，京东方艺云科技有限公司则持续推进“百万数字文化体验场景计划”，打造苏州湾数字艺术馆等数字文化体验场景，推出非遗消费新场景、新业态、新体验；光禹莱特数字科技（上海）有限公司以国家级非遗代表性项目“蜀锦织造技艺”为灵感内核，打造的一个大型蜀锦数字体验空间，还原了两千多年前的汉代老官山汉墓织机；上海风语筑文化科技股份有限公司推动“思想 + 艺术 + 科技”的融合创新，发挥数字科技应用领域优势，打造《非遗里的中国》陈列馆；宇宙猜想（北京）科技有限公司推出的“有趣的甲骨文”项目，已在不少博物馆、游乐园、动物园落地，通过互动让游客真正沉浸在历史文化中。同时，泡泡玛特公司凭借自身强大的 IP 能力，积极推动潮玩与非遗融合，取得积极成效。随着泡泡玛特与景德镇陶瓷的成功合作推出 MEGA ROYAL MOLLY 400% 嫣胭入轧・瓷，扒花工艺不仅再度焕发勃勃生机，也向现代年轻人展示了其独特的魅力与深厚的历史底蕴。

二是电商平台以技术赋能非遗传播。以腾讯、抖音、阿里巴巴（淘宝 / 天猫）等为代表的互联网头部企业凭借其核心的技术能力、庞大的用户流量、成熟的平台生态及营销资源，深度参与非遗的保护、传播与活化。这些头部企业依托技术、流量和平台优势，构建“云端非遗生态圈”。其中，“抖音非遗计划”覆盖超 1200 项国家级非遗代表性项目，1400 万网友通过抖音分享非遗体验，相关短视频播放量超 7499 亿次。⑤ 极大提升了非遗在大众，尤其是年轻群体中的认知度和影响力，不仅在传播层面发力，更致力于构建集内容创作、展示传播、互动交流乃至部分商业转化为一体的综合性云端非遗生态环境；多个电商平台设立非遗专区，2024 年“非遗购物节”销售额突破 200 亿元，惠及 600 万名手工艺人。景德镇陶溪川“陶瓷 + 电商 + 直播”模式，日均线上营收超千万元，成为产业生态链的典范。

三是社区与社会组织参与。凭借自身的独特优势，社区成为非遗融入日常生活的“毛细血管”。全国各地推动开展了一系列非遗进社区活动，比如，上海“非遗在社区”

⑤ 来自《2025 抖音非遗数据报告》，数据统计周期是 2024 年 5 月 1 日至 2025 年 4 月 30 日。

项目、江苏“非遗市集”和“技艺擂台赛”，让非遗回归生活本源。在这些活动中，各类社会组织积极参与其中，通过志愿者培训、案例征集等活动，构建全民参与的传承传播网络。

综合而言，2024 年非遗传播主体多元化发展，形成开放协同、共生共荣的生态体系。政府宏观引导、传承人核心坚守、社会组织桥梁作用、青年创新活力、市场社会力量参与、协同发力，共同推动非遗传承保护发展。

传播对象：从广泛覆盖到精准触达的策略升级

2024 年，非遗传播对象定位从“大水漫灌”式的模糊化覆盖，转向针对不同群体需求、兴趣与媒介习惯的精准化、分层化触达。精准传播策略提升了非遗内容的社会渗透力，实现从“广而告之”到“深入人心”的转变。面对社会公众、青少年群体、特定区域人群、国际社会等不同对象，非遗传播实现了不同程度的精准触达和有效传播。

一、面向社会公众：全民参与的文化共鸣构建

社会公众是非遗传播基础受众。2024 年，非遗传播核心工作是将“见人见物见生活”理念持续转化为公众可感知的日常体验，不断提升全民对非遗的认知度、认同感与参与度。具体来看，主要有以下几点。

一是有效提升认知度。2024 年，非遗传播活动持续打破非遗的神秘感与距离感，通过国有博物馆、公共文化馆等传统阵地，呈现非遗保护传承利用的状态。与此同时，数字化平台成为认知扩大的“扩音器”，抖音《2024 非遗数据报告》显示，国家级非遗相关视频分享量同比增长 36%，有效扩大覆盖范围，唤起对非遗的关注。

二是积极融入日常生活。2024 年，“非遗进社区”活动在全国深入开展，非遗工坊达 3.8 万家，年开展活动超 20 万场。在上海、北京、江苏等地，棕编、灯彩、京彩珐琅瓷等项目以“开放课堂”“家庭工坊”形式落地。在社区中，居民从观众变为参与者，非遗与节令节庆、亲子互动等生活主题结合，实现“润物细无声”的融入。

三是持续激发参与热情。各地通过设立“非遗地图”数字平台、组织“我与非遗的故事”征集等活动，鼓励群众记录分享非遗体验，形成双向互动保护机制。据中国非遗保护中心调查，公众对非遗保护的支持率达 96%，充分反映了非遗传播工作的有效触达与情感共鸣。

二、面向青少年群体：文化基因传承的未来工程持续推进

青少年是文化传承未来力量。2024年非遗传播以系统化、趣味化、体验化方式，将传统文化基因植入新生代成长过程。

一是融入国民教育体系。2024年，“非遗进校园”持续推进，全国多所高校开设非遗相关课程，中小学活动累计覆盖学生1.5亿人次。其中，北京市“非遗少年说”、延边朝鲜族自治州“校园非遗小讲师”等项目，通过角色扮演与实践，建立学生与非遗的深度情感连接；四川南充市推行“学校+院团/协会”模式，举办“川北大木偶传习班”，为非遗传承储备了“生力军”。

二是创新研学场景。2024年，“非遗+研学”成为热门选择。非遗研学游因其深厚的历史底蕴、有趣的体验形式以及丰富的教育价值，逐渐受到家长和孩子们的青睐，成为课堂之外首选的文娱活动，为孩子们提供了丰富多彩的成长体验。陕西西安“非遗工坊进景区”、湖南、广东将非遗纳入中小学研学旅行课程，构建“课堂—研学—社群”联动体系。“游中学、玩中传”模式让青少年在实践中感知匠心、理解文化，提升教育效果。

三是对接潮流文化。非遗国潮是将非遗与现代潮流元素相融合形成的时尚潮流。2024年，非遗国潮入选非遗研究前沿热点词，标志着其在传统文化创造性转化、创新性发展中的重要地位。非遗国潮通过人工智能、短视频等现代技术传播，并融入手机游戏等现代媒介，非遗传播内容与形式进一步融入潮流文化，贴合青少年审美。比如，手游《原神》植入“川剧变脸”角色皮肤，带动话题阅读量超10亿次。

三、面向特定区域人群：国家战略的精准赋能实施

2024年，非遗传播精准服务特定人群与区域，在乡村振兴、边疆治理等国家重大战略中发挥独特作用。

一是非遗传播助力乡村振兴。面向乡村居民与脱贫群众，各地积极通过“非遗工坊”模式，传播技艺、组织生产、对接市场。其中，贵州“苗绣产业带”带动12万名农村妇女就业，浙江东阳木雕产业集群年产值突破600亿元，实现文化普及与技能培

训、产业赋能相结合。①

二是助力边疆治理。面向边疆民族地区群众，主要是通过“文化润边”非遗活动，促进各民族文化交流与情感交融，铸牢中华民族共同体意识。作为“文化润疆”品牌活动，“新疆是个好地方”对口援疆非遗展已连续举办四届。2024“新疆是个好地方”对口援疆非遗展汇聚新疆和全国其他21个省市、共300余个非遗代表性项目、400余位非遗代表性传承人，通过“多彩非遗”“指尖非遗”“乐舞非遗”“非遗集市”“非遗研学”等，集中展现新疆和援疆省市非遗保护交流合作成果。

四、面向国际社会：文明互鉴的中国故事传播

国际社会是非遗传播的重要对象。2024年，各方通过非遗讲好中国故事，展现可信、可爱、可敬的中国形象，提升了中国文化国际话语权。

一是搭建官方交流平台。通过“欢乐春节”“一带一路”非遗巡展等国家级平台，中国非遗以“文化使者”身份走向世界。2024年“春节”列入联合国教科文组织人类非遗代表作名录，“欢乐春节”活动在全球近100个国家举办近500场，传播“和合”理念，促进文化共享。②

二是拓展新媒体国际传播。短视频平台成为非遗“出海”快车道。截至目前，李子柒YouTube频道非遗主题视频累计播放量超25亿次，TikTok上“ChineseHeritage”话题曝光量突破180亿次。与此同时，直观生动的视觉内容超越文化与语言隔阂，使景德镇陶瓷、竹编等技艺获全球“粉丝”关注，提升中国文化国际认同度。

三是开展文化对话。2024年，非遗成为文化交流载体。巴黎时装周苏绣华服、纽约大都会博物馆古琴雅集等活动相继举办，充分展现中华美学深度与魅力，推动中国非遗与世界顶尖时尚、艺术界对话。

综合而言，2024年非遗传播对象定位从“一体化”向“精细化”跃升，通过精准画像与策略定制，扩大覆盖面、提升穿透力，使古老文化遗产在不同圈层获得广泛共鸣。

---

① 国务院妇女儿童工作委员会，贵州锦绣计划带动11.4万妇女实现创业就业：https://www.nwccw.gov.cn/2024/12/23/99709907.html。

② 中国政府网，全球多地举办精彩活动共庆中国春节：https://www.gov.cn/yaowen/shipin/202501/content_7001347.htm。

传播渠道：从单一路径到全域矩阵的立体构建

2024年，非遗传播渠道实现结构性重塑，从依赖少数官方媒体和线下场馆的单一路径，发展为线上线下融合、实体虚拟衔接、国内国际联通的“全域立体传播矩阵”，拓展了非遗的可达性、可见性与参与性，使其以更广深度触达社会各领域。

一、线下实体渠道：从静态展示到活态体验的空间革新

物理空间作为非遗传播传统阵地，2024年实现功能与形态升级，从“物”为中心的静态展陈转向“人”为中心的活态体验，成为承载文化记忆、激发互动参与的“第三空间”。

一是综合性场馆提质扩容。各地各级非遗馆、博物馆等公共文化设施网络持续完善，省级非遗馆建设稳步推进，这些场馆转型为集保存、研究、展示、教育、体验、文创于一体的综合平台。其中，2024年新开馆的广东省非物质文化遗产馆白鹅潭艺术中心，以“展示＋传习＋售卖”三位一体模式运营，成为转型典范。

二是功能型传习空间拓展。2024年，“非遗工坊”等生产性保护空间快速增长，全国累计建成1.1万家，其中国家级非遗生产性保护示范基地99家。工坊既是技艺传承场所，也是非遗融入社区、助力乡村振兴的载体。其中，杭州手工艺活态馆“前展后坊”模式，让观众从“看客”变为“创客”，体验剪纸、竹编等技艺，增强非遗可感知性。

三是文旅融合场景创新。非遗展示空间全面嵌入旅游场景，成为文旅消费核心吸引物。2024年，全国推出120条非遗主题旅游线路，建成169个非遗旅游景区和30个非遗主题街区。其中，洛阳洛邑古城打造“全天候非遗生态”，结合白天技艺实操与夜间全息演艺，构建“体验—停留—消费”文旅闭环，年旅游收入突破30亿元；北京中轴线“漫步式文化之旅”串联历史街区、老字号、博物馆，让游客沉浸式感受非遗魅力。

四是非常规空间跨界延伸。2024年，非遗展示持续突破传统场馆边界，向交通枢

纽、商业综合体等公共空间拓展。比如，大兴机场与首都博物馆合作推出中轴线主题展，为旅客提供候机文化体验；成都宽窄巷子、文殊坊的“流动非遗馆”“主题快闪馆”，以灵活性和新颖性让非遗“走下殿堂、融入街巷”。

二、线上数字渠道：从信息存档到互动共创的媒介升级

2024 年，数字化平台成为非遗传播主阵地与核心引擎，功能从资源保存、单向展示升级为集沉浸体验、社交互动、内容共创、商业转化于一体的全功能生态系统。

一是短视频与直播平台效能释放。抖音、快手等短视频平台凭借直观、生动、碎片化特点，成为非遗传播效能突出渠道。数据显示，过去一年有 1400 万网友在抖音平台分享非遗，相关短视频播放量达 7499 亿次。直播开辟“即时互动 + 即时消费”模式；景德镇陶溪川直播基地通过“陶瓷 + 电商 + 直播”，实现日均线上营收 1100 余万元。

二是电商平台实现商业赋能。多家电商平台设立非遗专区，成为非遗产品市场化“高速公路”。2024 年“非遗购物节”线上线下融合活动带动销售额突破 200 亿元，惠及 600 万名手工艺人。

三、教育与学术渠道：从知识普及到人才培养的功能整合

教育系统成为非遗系统、深度传播重要渠道，承担培养未来传承者与提升全民文化素养双重使命。

一是国民教育体系全面融入。2024 年，非遗内容系统进入中小学至大学课堂，全国多所高校开设非遗相关课程，中小学“非遗进校园”活动常态化、课程化，通过制度化安排确保非遗持续影响年青一代。

二是产学研一体化专业支撑。2024 年，“非遗传承人研修培训计划”推动高校、职业院校与非遗项目深度合作，形成“理论学习 + 工坊实践 + 成果转化”闭环。其中，浙江广厦建设职业技术大学木雕专业、贵州凯里学院乡村振兴项目，将学术研究、人才培养与产业需求结合，输送懂技艺、通市场的复合型人才。

综合而言，2024 年非遗传播渠道向多元化、立体化、融合化发展，打破时空与圈层壁垒，形成“处处是场景、时时可体验、人人皆可及”的全域传播格局，为非遗现代活态传承与广泛传播提供广阔可能。

传播内容：从传统复刻到当代表达的创意转型

2024 年，非遗传播内容生产实现“创意蝶变”，从简单复刻、静态展示转向与现代生活、时尚潮流、科技美学深度融合的当代表达，以“活化”“潮化”“故事化”为核心特征，使非遗“活”在当下、“火”在人心，成为可触摸、可参与、可分享的现代生活图景。

一、从“技艺”到“生活”：活态内容的场景化呈现

近年来，尤其是 2024 年，传播内容核心转变是将非遗从孤立“技艺”还原到生动“生活场景”，强调其在衣食住行、节庆民俗中的实用价值与情感温度。

一是美食非遗的“烟火气”表达。2024 年，美食类非遗成为共鸣度高的内容，各地通过美食节、村厨大赛等活动，将非遗美食与地域文化、乡愁记忆结合。比如，湖南保靖“村厨大赛”网络话题总流量超 8 亿，推广“乡愁味道”；上海对蒸糕、酒酿等传统小吃改良口味与包装，让“老味道”焕发“新潮味”，使非遗从文化符号变为“舌尖上的记忆”。

二是节庆非遗的“仪式感”重塑。近年来，春节、端午、中秋等传统节日成为非遗内容展示舞台。2024 年“春节”申遗成功后，相关民俗活动成为传播热点。比如，南京秦淮灯会、潮汕“英歌舞美食嘉年华”、苏州金鸡湖龙船市等，通过“IP 化运营、场景化创新”，将传统节俗转化为盛大文化体验活动，让公众在参与中充分感受节日仪式感与文化内涵。此外，国庆期间，各地广泛开展非遗传承实践活动，通过非遗精品展、非遗交流展、非遗民俗体验等方式举办近千场非遗主题活动。

三是融入日常的“实用美学”传播。融入现代生活，是非遗保护传承的重要路径。其中，融入日常，成为“实用美学”在非遗领域的重要体现。2024 年，各类非遗传播

内容突出非遗实用功能，电商平台热销的团扇、剪纸、竹编等产品，将传统工艺转化为兼具美学与实用价值的日用品，深受广大消费者喜爱；同时，非遗 DIY 体验课、限定联名 IP 等，让广大消费者在亲手制作使用过程中，充分感受非遗魅力，实现从“被动观看”到“主动拥有”转变。

二、从“传统”到“潮流”：“国潮”内容的跨界破圈

“国潮”兴起中，非遗成为核心灵感源泉。2024 年，非遗与时尚、文创、游戏、科技等领域深度跨界融合，催生“爆款”内容，吸引年轻群体关注。

一是“非遗 + 时尚”的美学碰撞。“非遗 + 时尚”让古老非遗与现代时尚元素充分融合，碰撞出绚丽的时代火花。比如，2024 年中国国际时尚周上，敦煌艺术、龙门石窟石刻等非遗元素融入现代服饰设计，成功吸引众人目光；贵州苗绣长裙亮相伦敦时装周，结合明代琉璃龙纹图案与非遗技艺，实现东方美学与国际潮流融合，重塑非遗当代时尚形象。

二是“非遗 + 文创”的价值升级。2024 年，非遗从“技艺”到“IP”的价值蜕变显著，故宫博物院趣味文创、国家博物馆“凤冠冰箱贴”（年销售超 53 万件）、安庆博物馆“小小状元”盲盒，均为非遗元素与潮玩设计、现代需求结合的成功案例。与此同时，非遗传承人也积极推动非遗文创开发，取得积极成效。

三是“非遗 + 游戏”“非遗 + 影视”的数字传播。2024 年，数字娱乐成为非遗传播新载体，“非遗 + 游戏”“非遗 + 影视”推动非遗传播效果让人眼前一亮。比如，手游《原神》植入“川剧变脸”角色，《黑神话悟空》带动“跟着悟空游山西”热潮，以年轻群体喜爱的方式将非遗内核植入虚拟世界，实现传统文化与现代娱乐破圈融合，传播效应远超传统渠道。

三、从“陈述”到“叙事”：故事化内容的深度挖掘

2024 年，各地各类非遗传播注重挖掘讲述非遗背后“人”与“情”，通过生动故事赋予技艺温度与灵魂，构建受众情感连接。

一是传承人故事传播。2024 年，非遗传播的焦点向传承人倾斜，尤其是年轻的传承人，以其自身故事的吸引力，成为重要的传播话题。

二是历史文化故事融合。2024 年，非遗内容与历史背景结合更紧密。比如，2024 年7月，在印度新德里召开的联合国教科文组织第46届世界遗产大会通过决议，将“北京中轴线——中国理想都城秩序的杰作”列入《世界遗产名录》。此后，围绕北京中轴线相关非遗，各类媒体展开多样传播。

北京中轴线传播不仅展示建筑技艺，更解读“对称美”“礼制文化”内涵；北京国际摄影周“北京中轴线影像长卷”通过新老照片对比，讲述百年变迁故事，具有时空穿透力。通过挖掘北京中轴线及其相关非遗背后的故事，实现了通过讲述历史文化故事带动非遗传播的效果。

综合而言，2024 年非遗传播内容生产实现从“物本”到“人本”、从“复古”到“创新”的升级，通过活化、潮化、故事化策略，使非遗成为当代社会充满生机的文化基因。

传播活动：从单点展演到品牌矩阵的系统布局

2024 年，非遗传播活动呈现系统性、品牌化、融合性特征，从零散孤立的单点展演整合为国家、区域、地方不同层级的品牌矩阵，形成主题鲜明、上下联动、线上线下协同的立体化活动体系，成为文化展示、社会参与、文旅消费、国际交流的重要平台。

一、国家级品牌活动：形成强大的全国性带动引领作用

文化和旅游部等国家部委主导或组织开展品牌活动，以高站位、大规模、强影响力构成非遗传播“旗舰矩阵”，奠定全年活动基调和方向，形成了强大的全国性带动引领作用。

一是“文化和自然遗产日”活动。作为非遗领域重要年度活动，文化和旅游部组织开展的 2024 年“文化和自然遗产日”活动，以“气象万千——中国非遗保护实践主题展”为核心，联动全国举办 1.2 万项地方宣传展示活动，通过系统展示成果、全民参与及线上线下融合，形成强大的传播声势。

二是“非遗购物节”。作为连接非遗与市场、文化与消费的标志性品牌，2024 年“非遗购物节”通过电商平台、直播带货、线下市集等形式，带动非遗产品销售超百亿元，惠及 600 万名手工艺人。“非遗购物节”成功将文化活动转化为经济动能，充分诠释了“在保护中发展，在发展中保护”的理念。

三是“欢欢喜喜过大年”春节主题活动。2024 年 1 月 18 日（农历腊月初八）至 3 月 11 日（农历二月初二）期间，文化和旅游部主办“欢欢喜喜过大年”2024 年春节主题活动。活动由“文化迎春　艺术为民”“春到万家”“非遗过大年”“旅游迎春　休闲过年”“惠企乐民　欢度新春”“文博馆里过大年”“欢乐春节”七个板块组成，在国内

各省市、城乡地区广泛开展，同时延伸至海外近100个国家和地区，形成国内外联动的盛大节庆格局。活动充分利用互联网技术，打破了时间和空间的限制，让更多民众能够参与到活动中来。活动成效显著，在文化传承、经济拉动、社会和谐及国际交流方面成果丰硕。

四是“茶和天下　共享非遗”主题活动。2022年11月，“中国传统制茶技艺及其相关习俗”列入联合国教科文组织人类非物质文化遗产代表作名录。此后，文化和旅游部连续举办“茶和天下　共享非遗”主题活动，形成品牌效应。2024年9月，由文化和旅游部、云南省人民政府主办的2024年“茶和天下　共享非遗”主题活动通过举办与茶相关的非遗项目交流展、搭建茶饮文化展示空间、举办茶文化市集等，生动呈现茶文化独特魅力，展现茶文化在当代的创新与发展，再现茶马古道文化盛景。同时，文化和旅游部还组织全国各地依托与茶相关非遗项目，在茶园、茶厂以及相关非遗传承体验设施等场所，同步组织开展本地区的宣传展示活动。

五是“欢乐春节”全球活动。“欢乐春节”是文化和旅游部历经20多年培育打造的对外文化交流品牌，已成为全球性文化盛事与中华文化“走出去”重要品牌。2024年，“欢乐春节”在海外70余个国家和地区举办400余场形式多样的交流活动，在20余个国家举办“全球彩灯点亮活动”。同时，还持续开展“你好！中国”国家旅游形象推广活动。

二、区域性协同活动：服务国家战略的联动平台搭建

近年来，非遗活动与国家区域协调发展战略深度融合，成为促进区域文化认同、经济协同的纽带。2024年，政府主管部门持续有效推动区域协同，举办京津冀非遗联展、粤港澳大湾区非遗汇展等跨区域非遗展览展示活动，实现跨区域文化资源整合，服务国家区域协调发展战略。

一是京津冀非遗联展暨嘉年华。2024年是京津冀协同发展战略实施10周年，由天津市文化和旅游局、北京市文化和旅游局、河北省文化和旅游厅联合天津市河西区人民政府共同主办的2024京津冀非遗联展，涵盖展览、演出、市集、购物节、大篷车巡游等板块，为广大市民、游客献上一场可看、可听、可品、可玩、可体验的非遗盛宴，为观众带来了精彩纷呈的文化盛宴，为非遗传承人提供了展示平台，为京津冀三地非遗的

深度合作与融合发展开辟了新的空间。[1]

二是粤港澳大湾区非遗汇系列展览。系列展览以“同心迎国庆”为主题，选取大湾区 11 城吉祥瑞兽非遗项目，在香港、深圳、澳门巡展，通过“展览 + 演艺 + 文创”模式，促进湾区文化交流与情感交融，强化文化认同纽带。

三是黄河流域非遗活动。沿黄九省区通过“黄河非遗美食月”等活动，将黄河文化“点”整合为“线”和“面”，通过整体文化展示突出区域主题，实现文化遗产、生态景观与城乡资源统筹发展。

三、主题性特色活动：垂直领域的精准靶向实施

2024 年，针对特定领域和人群，主题鲜明、形式创新的特色活动层出不穷，实现受众精准触达。

一是“非遗 + 美食”节庆。2024 年，“舌尖上的文化”主题活动火爆。其中，内蒙古“黄河非遗美食月”、江苏“美在美食”非遗美食节、潮汕“英歌舞美食嘉年华”等，结合非遗技艺与味觉体验，通过“周末夜市集”“以舞聚客、以食留客”等模式拉动假日消费。

二是“非遗 + 教育”系列活动。2024 年，“非遗进校园”从单次讲座深化为系统活动。其中，北京启动“中轴线文化遗产大讲堂进校园”，专家在 26 所高校巡讲；四川南充市推行“梨园蓓蕾 · 芳华初绽”等传习班毕业会演，展示教育成果，推动非遗教育深入开展，培养新一代传承者与爱好者。

三是“非遗 + 影像”展映。2024 年，影像持续成为非遗传播重要媒介。在浙江开化举办的 2024 非遗影像展，展映百余部非遗题材纪录片、短视频；北京国际摄影周推出“北京中轴线影像长卷”，通过视觉艺术创新非遗记录与表达方式，强化民族记忆载体。

四、国际交流活动：文明互鉴的对话桥梁搭建

2024 年，除“欢乐春节”等大型品牌活动外，高层次、专业化国际交流活动频繁举办，持续深化中国与世界非遗的对话。

---

① 中华人民共和国文化和旅游部，京津冀非遗“大联欢”：https://www.mct.gov.cn/preview/whzx/qgwhxxlb/bj/202410/t20241025_955877.htm。

一是国际论坛。敦煌论坛、博鳌非遗文旅产业发展大会等相继举办，吸引国际专家、学者、官员参与，探讨非遗保护创新实践与国际合作，分享“中国经验”与“中国智慧”。

二是跨国培训与工作坊。2024 年，中国与联合国教科文组织等合作，在国内外为老挝、东亚地区举办多期非遗保护培训班和工作坊，实现双向经验交流与能力共同提升，体现中国在非遗保护领域的国际责任与担当。

综合而言，2024 年非遗传播活动通过品牌化、矩阵化、融合化布局，实现从“办活动”到“创品牌”的升级，成为集社会动员、经济引擎、外交平台于一体的综合实践，为非遗活态传承与可持续发展注入强大动能。

传播方式：从单向灌输到交互共创的范式革新

2024 年，非遗传播方式实现深刻范式革新，不断摒弃“我说你听”的单向灌输，转向以受众为中心、强调体验、互动与共创的新模式。非遗传播核心是从信息传递转向价值共鸣、情感连接与文化共建，沉浸式体验、IP 化运营、跨界融合与全民共创成为年度显著特征。

一、沉浸式体验：从“旁观”到“入景”的感官革命

“沉浸式”成为 2024 年非遗传播高频词，通过场景再造与技术赋能，使受众从被动旁观者变为“身临其境”的参与者。

一是推出沉浸式演艺精品。2024 年，一系列非遗相关的沉浸式演艺精品，有效提升了非遗传播效果。比如，西安《无界·长安》驻场演出中，张艺谋团队将秦腔、皮影等非遗元素与全息投影、AI 交互技术结合，观众通过手机 App 选择剧情，实现“千人千面”个性化体验，颠覆传统舞台剧观演关系，提升参与感与黏性。

二是打造沉浸式空间。沉浸式空间作为数字技术支撑下的新型非遗展览展示空间，对于推动非遗传播具有重要作用。比如，洛阳洛邑古城、贵州丹寨万达小镇等将街区或小镇打造为“非遗主题公园”，游客可穿汉服巡游，在古建筑中体验蜡染、银饰制作，观看街头快闪豫剧表演，使非遗与建筑、商业、生活方式融合，构建“非遗即生活”的沉浸式消费生态。

三是打造沉浸式节庆。节庆作为与非遗联系最为紧密的领域，是推动非遗传播的重要方式。打造沉浸式节庆，可有效吸引观众沉浸其中，在欢乐的喜庆氛围中，充分感受非遗魅力。比如，南京秦淮灯会、洛阳“隋唐上元夜”等活动，通过复原历史场景、引入 NPC 互动、结合剧本杀等元素，将传统灯会升级为大型沉浸式夜游项目，让游客穿

越时空参与古代节庆狂欢，带来传统观灯无法比拟的文化冲击与情感共鸣。

二、IP 化运营：从“项目”到“品牌”的价值升维

近年来，尤其是 2024 年，非遗传播系统借鉴现代品牌管理理念，通过 IP 化运营将单个非遗项目或文化符号打造为具有市场号召力与价值延展性的文化品牌。

一是核心符号与视觉体系构建。如以北京中轴线文创 IP 开发为典范，以“对称美”“礼制文化”为核心，提炼钟鼓楼、脊兽等标志性元素，构建统一视觉符号体系并申请特殊标志保护，将模糊文化概念转化为清晰可识别的品牌形象。

二是跨界联动与产品矩阵开发。IP 生命力在于延展性。2024 年，北京中轴线 IP 联合老字号、非遗工坊推出联名产品，开发饮品、冰箱贴到数字藏品的多元消费矩阵；故宫、国博等博物馆 IP 与美妆、食品、潮玩等跨界合作，持续推出爆款产品，放大商业价值。

三是全产业链整合。IP 化运营需要打通“文化资源—创意转化—生产销售—品牌增值”全产业链。2024 年，国家博物馆“凤冠冰箱贴”成为爆款。其成功不仅在于设计，更得益于成熟的供应链管理、市场营销和版权保护体系。全产业链整合，有效推动“凤冠冰箱贴”爆火，有效推动非遗实现创造性转化、创新性发展。

三、跨界融合创新：从“独行”到“共舞”的生态构建

2024 年，“非遗 +”战略深化实施，非遗传播方式强调打破壁垒，通过跨界融合催生新业态、新场景、新价值，构建共生共荣的文化生态，实现良好效果。

一是“非遗 + 旅游”深入融合发展。近年来，作为文旅融合新形态，“非遗 + 旅游”受到越来越多的关注。从江西夏布绣的跨界合作，到甘肃镇原县的“非遗进景区”，“非遗 + 旅游”在吸引游客的同时，也为非遗的保护传承注入了新活力。2024 年，各地以“跟着非遗去旅游”为主题开发复合型线路。比如，四川宝兴县整合“硗碛上九节”等非遗，打造“非遗工坊体验—民俗节庆参与—自然观光”线路，实现文化体验、乡村旅游与生态保护深度耦合。

二是“非遗 + 科技”融合发展。科技不仅是展示非遗的工具，更是创新非遗传播方式的重要工具。在全民关注非遗的今天，科技日进千里，“非遗 + 科技”碰撞出的火花

令人惊艳。比如，青岛“非遗数字孪生”项目利用 VR/AR 技术让用户线上体验胶州秧歌，实现资源跨地域共享；AI 技术应用于古琴智能编曲、琵琶 AR 教学，催生“非遗数字导师”新职业，探索教育传承新路径。

四、全民共创共享：从“精英叙事”到“大众书写”的转向

2024 年，非遗传播持续走向大众化，话语权从专家和官方扩展至普通公众，推动其成为内容创作与文化建构的重要力量。

一是用户生成内容（UGC）持续火热。抖音、快手、微博、B 站等平台涌现大量普通用户创作的非遗体验 Vlog、手作教程、知识科普视频，视角独特、语言亲切，丰富非遗叙事维度，形成“人人都是传播者”的局面。

二是社区共创模式持续深入探索。2024 年，上海“非遗在社区”项目设立社区策展人、非遗指导员，推动居民参与非遗课程设计、展演策划；江苏社区将残障人士纳入绒花制作传承队伍，通过社区电商销售，使非遗扎根社区，增强文化凝聚力与自信。

综合而言，2024 年非遗传播方式革新标志着底层逻辑的深刻变化，通过沉浸式体验、IP 化运营、跨界融合和全民共创，从“文化宣传”转变为“社会美育”与“文化实践”，让古老文化遗产在现代社会找到新的生存方式，焕发时代光彩。

传播技术：从辅助工具到核心驱动的动力变革

2024年，技术在非遗传播中的角色发生根本性转变，从辅助记录存档的“工具”升级为重构传播生态、创新表达方式、拓展体验维度的“核心驱动力”，数字化、智能化技术深度渗透非遗保护、传承、传播与转化全链条，引发“动力变革”。

一、数字存档与智能修复技术：传承基础的数字筑牢

技术首要应用于非遗资源系统化、高精度保存，利用智能算法解决传统保护瓶颈，为传播奠定坚实数字基础。

一是助力高精度数据采集。国家非遗数字化保护工程持续推进，建成全球最大非遗数据库，截至2024年完成25万小时高清影像记录，覆盖90%以上国家级项目。通过3D扫描、动作捕捉等技术，全方位采集技艺流程、工具材料、传承人手法，形成“数字基因库”。

二是推动AI智能修复与还原。人工智能技术在保护领域取得突破，如应用于古琴曲谱数字化修复，通过深度学习补全残缺谱面；敦煌壁画保护中，AI色彩还原技术分析颜料成分，科学推演重现原始色彩，解决人力难以完成的修复难题，使濒危文化信息“重生”。

二、新媒体与电商技术：传播转化的高速通道构建

近年来，尤其是2024年，以短视频、直播、电商为代表的互联网技术，提升非遗传播效率与市场转化能力，成为连接传承人与亿万用户的“超级连接器”。

一是实现算法推荐与精准分发。抖音、快手等平台的推荐算法通过分析用户偏好，将确山打铁花、苏绣、川剧变脸等非遗内容精准推送至潜在兴趣用户，实现传播效率最大化，2024年5月至2025年4月，抖音平台国家级非遗相关视频播放量达7499亿次，彰显平台和技术对非遗优质内容传播的助力作用。

二是推动直播与即时互动。直播打破时空限制，将传承人工作室变为全球“实时课堂”，观众可实时提问、打赏、下单。比如，景德镇陶溪川直播基地整合“陶瓷 + 电商 + 直播”，实现产业生态数字化升级，日均线上营收超千万元。

三是打造电商供应链与 C2M 模式。京东、淘宝等平台不仅提供销售渠道，更通过供应链技术和 C2M（用户直连制造）模式介入非遗产品开发。比如，京东京造与河北蔚县合作，借助 AI 分析市场审美趋势，指导非遗剪纸设计生产，实现从“传承人经验创作”到“市场需求驱动生产”的转变。

三、沉浸式与交互式技术：体验维度的超现实拓展

VR、AR、全息投影等沉浸式技术颠覆传统观看模式，为受众创造前所未有的可交互文化体验。

一是 VR/AR 深度应用，增强非遗传播趣味性与吸引力。“中国非遗数字博物馆”“云游非遗”功能让用户通过 VR 设备“走进”黎族村寨学织锦；故宫博物院“数字非遗长廊”利用 AR 技术在真实场景叠加虚拟影像，还原宫廷刺绣、景泰蓝制作过程，观众可参与虚拟创作，增强趣味性与吸引力。

二是全息投影与光影技术，吸引大量年轻群体。比如，西安《无界·长安》、北京钟鼓楼数字大钟敲响仪式大量运用全息投影，创造视觉奇观；四川自贡中华彩灯大世界结合传统彩灯与无人机灯光秀、3D Mapping 等现代光影技术，打造动态景观，吸引大量年轻游客，游客量同比激增 1.2 倍。

三是游戏引擎与数字孪生技术，提供沉浸式互动体验。以游戏引擎为代表的实时渲染技术，用于构建超大型、高精度数字文化场景。例如，腾讯“数字中轴·小宇宙”精细还原北京中轴线 7.8 公里核心遗产区，三维数据资产超 15TB，实时运行资产总面数达 104 亿，提供电影级沉浸式互动体验，获 2024 中国设计智造大奖金奖。[①]

综合而言，2024 年技术深度融入并重塑非遗传播各环节，从数字底座到电商传播，再到体验奇境，不仅让非遗在数字时代“活”起来，更以全新方式“火”起来，为未来可持续发展注入强劲科技动能。

① 央广网，全球首次运用游戏科技参与申遗，“数字中轴·小宇宙”上线：https://tech.cnr.cn/techph/20240731/t20240731_526825506.shtml。

案例篇

特别致敬非遗活动案例集锦

案例一

“欢欢喜喜过大年”2024 年春节主题活动文旅惠民成效显著

为充分发挥文化和旅游在营造喜庆氛围、拉动经济消费、促进社会和谐、提升人民群众幸福感、获得感方面的独特优势，“欢欢喜喜过大年”2024 年春节主题活动于 2024 年 1 月 18 日（农历腊月初八）至 3 月 11 日（农历二月初二）期间开展。这一时间段横跨腊八节、小年、除夕、春节、元宵节等重要传统节日节点，涵盖了春节前后的主要节庆时段，为民众提供了充足的参与时间，全方位沉浸于春节文化氛围之中。

此次活动由文化和旅游部主办，联合国家文物局以及各地政府、文旅企事业单位共同参与，形成了从中央到地方、从政府到社会的广泛协同合作机制，确保活动的顺利推进与高质量实施。活动覆盖全国范围，在国内各省市、城乡地区广泛开展，同时延伸至海外近 100 个国家和地区，形成国内外联动的盛大节庆格局。无论是繁华都市的文化场馆、旅游景区，还是偏远乡村的文化礼堂、农家小院，都成为活动的举办场所，充分满足不同地域、不同群体的文化和旅游需求。

该活动由七个板块组成。一是“文化迎春　艺术为民”板块，该部分聚焦文化艺术领域，通过举办国家艺术院团新春演出演播季，汇聚了全国顶尖艺术院团，带来戏曲、话剧、音乐、舞蹈等多种形式的精彩演出，展现了社会主义文艺的繁荣发展成果。

同时，“美在荟萃——全国美术馆珍藏作品汇展”集中展示了全国各地美术馆的珍贵馆藏，涵盖绘画、雕塑等各类美术作品，让观众领略到艺术的魅力。此外，推出“文艺中国”新春特别节目，借助线上平台广泛传播，让更多民众能够便捷地欣赏到高品质的文艺表演。二是“春到万家”板块，以全国群众文化活动为核心，联合各地推出系列“村晚”展示项目。南北小年“村晚”接力直播，将不同地域的乡村文化特色呈现给全国观众，展现了各地丰富多样的乡土气息、民风民俗和人文底蕴。“我要办村晚”活动鼓励基层群众自主参与，充分调动了广大群众的积极性和创造力，让乡村文化在群众的参与中焕发生机。“赏年画　过大年”活动则通过展示传统年画作品，弘扬了春节文化，让民众在欣赏年画的过程中感受传统文化的魅力。三是“非遗过大年”板块，围绕非遗保护传承与实践，开展了一系列精彩纷呈的民俗文化活动。“文化进万家——视频直播家乡年”通过线上直播的方式，将各地独特的年俗文化传递到千家万户，让更多人了解和关注非遗。“年画进万家·幸福中国年”活动在多地举办，通过年画展览、体验活动等形式，让民众近距离接触和感受年画这一非遗技艺。“古城过大年”活动在河北正定、山西平遥等 5 个古城同步开展，古色古香的建筑与传统年俗活动相结合，营造出浓厚的节日氛围。“龙年灯会灯彩迎新春”以绚丽多彩的灯会为载体，展示了传统灯彩制作技艺，吸引了大量游客前来观赏。“舞动中国龙”——龙舞大巡游在湖南、江苏、广东等地举办主会场活动，龙舞表演气势恢宏，充分展现了中华民族的龙文化。四是“旅游迎春　休闲过年”板块，针对旅游休闲、度假观光需求，推出了一系列研学旅游特色课程、精品线路和主题活动。围绕“打卡旅游休闲　打开欢乐春节”主题，开展“欢乐冰雪旅游季”活动，在黑龙江、吉林、新疆等冰雪资源丰富的地区，举办冰雪节、滑雪比赛等活动，吸引了众多南方游客前来体验冰雪运动的乐趣。“我的家乡有宝藏”活动挖掘各地独特的旅游资源，推出特色旅游产品，让游客深入了解当地的历史文化和自然风光。“新春游新年俗”活动则鼓励游客在旅游过程中体验当地的新年俗，如参与乡村年俗活动、品尝特色美食等，丰富了旅游体验。五是“惠企乐民　欢度新春”板块，该板块是为满足人民群众春节期间文化和旅游消费新需求，广泛动员各地文化和旅游企事业单位，打造全国春节文化和旅游消费月。推出“百城百区”金融支持消费行动计划，通过金融机构的参与，为消费者提供更多的消费优惠和便利。举办“多彩中国　佳节好物”文旅商品展销活动，展示和销售各地特色文旅商品，促进文化消费。“游购乡村”

活动则将消费场景拓展到乡村，推动乡村旅游与农产品销售相结合，助力乡村振兴。六是“文博馆里过大年”板块，该板块聚焦文博展览展示，博物馆、图书馆、非遗馆等场馆纷纷举办各类活动。博物馆推出各具特色的主题展览，如围绕龙年主题的文物展览，让观众在欣赏文物的同时，了解历史文化知识。图书馆开展丰富多彩的年俗体验和读书阅览活动，如举办春节主题的讲座、亲子阅读活动等，为读者营造了浓厚的节日氛围。非遗馆通过展示非遗项目、开展非遗技艺体验活动，让民众深入了解非遗。七是“欢乐春节”板块，该板块在海外近 100 个国家和地区举办近 500 场形式多样的交流活动，在 20 余个国家举办“全球彩灯点亮活动”，以中国传统彩灯为载体，向世界展示中国文化的魅力。同时持续开展“你好！中国”国家旅游形象推广活动，通过文化演出、旅游推介会等形式，提升中国旅游在国际上的知名度和影响力，促进中外文化交流与旅游合作。

此次活动充分利用互联网技术，通过线上直播、线上展览、线上互动等形式，打破了时间和空间的限制，让更多民众能够参与到活动中来。例如，“村晚”接力直播吸引了大量观众在线观看，让远在他乡的游子也能感受到家乡的年俗氛围。同时，线上平台还为活动提供了宣传推广的渠道，将文化、旅游、艺术、非遗、消费等多个领域有机融合，打造综合性的节庆活动传播典范。

本次活动成效显著，在文化传承、经济拉动、社会和谐及国际交流方面成果丰硕。文化传承层面，通过非遗展示、传统艺术表演、年画展览等活动，春节传统文化得到广泛传播传承。“非遗过大年”板块让众多非遗项目走进大众视野，传统技艺得以延续，年青一代对非遗兴趣日益浓厚，民众文化认同感和自豪感显著增强。在经济上，旅游市场火爆，“南北互换、东西互跨”特征明显。春节假期 8 天全国国内旅游出游 4.74 亿人次，国内游客花费 6326.87 亿元，带动景区、酒店、餐饮等相关产业发展。社会效益方面，“村晚”等群众活动促进人际交流，丰富了人民群众的文化娱乐生活，营造了喜庆的节日氛围。国际上，海外“欢乐春节”活动吸引众多国际友人，提升了中国文化国际影响力，增进中外文化互鉴。

案例二

2024年“文化和自然遗产日”非遗宣传展示活动强保护、促传承、添活力

2024年“文化和自然遗产日”为6月8日，与之相匹配的2024年“文化和自然遗产日”非遗宣传展示活动在全国范围内盛大开展，呈现出丰富多元、精彩纷呈的态势。活动主题为“保护传承非遗　赓续历史文脉　谱写时代华章”。

相关数据统计显示，各省（区、市）在“文化和自然遗产日”前后共举办12614项非遗宣传展示活动，其中线下活动9642项①。重点活动包括气象万千——中国非遗保护实践主题展、“非遗里的美好生活”摄影作品征集展示活动、云游非遗·影像展、非遗购物节等。活动集中宣传展示中国履行国际责任，深化国际交流合作，推动非遗保护传承有力有序，为国际社会提供“中国方案”的成果。

三大重点活动亮点突出：“气象万千——中国非遗保护实践主题展”于6月7日开展，展览展出100余项国家级非遗代表性项目及列入联合国教科文组织非遗名录、名册项目，600多件（套）展品，涵盖非遗十大门类，通过“文字＋图片＋实物实景＋多媒体互动”立体展示，呈现非遗守正创新的时代风貌，强调其活态性与丰富性，挖掘文化内涵与时代价值。“非遗里的美好生活”摄影作品征集展示活动，从4月24日启动至5月17日征集结束，共收到1291人次报送的7664幅作品，旨在通过摄影反映非遗与现代生活结合中的社会认同感和凝聚力。“云游非遗·影像展”于6月7日起陆续上线，展映持续到6月30日，活动期间多部非遗影像片单限时免费播放，各平台专题专区活动，以短视频、直播、音频结合并联动媒体的形式，让公众了解非遗及保护实践。在三

① 2024年文化和自然遗产日前后全国各地将举办一万余项非遗宣传展示活动：https://www.gov.cn/lianbo/bumen/202405/content_6954631.htm。

项重点活动之外，文化和旅游部也继续支持国家图书馆等 200 余家公共图书馆举办国家级非遗代表性传承人记录工作成果展映月，面向公众和相关从业者展映非遗记录工作优秀成果的综述片；支持恭王府博物馆、中国昆剧古琴研究会举办“良辰美景・恭王府非遗演出季”等活动。

各地也推出了形式多样的活动，涵盖多个方面。例如广东省文化和旅游厅、佛山市人民政府联合主办的“武韵湾区　传承美好”2024 年文化和自然遗产日广东（佛山）主会场活动，以武术类非遗项目为重点集中开展系列非遗宣传展示。北京市于 6 月 7 日在大运河文化旅游景区举办“文化传承　非遗焕新”非遗宣传展示系列活动启动仪式，发布多条非遗旅游线路，促进文旅融合；主会场非遗市集展示大运河沿线省市非遗项目；还设有非遗文献馆捐赠、新品展示、与美团合作开展“非遗焕新购”等活动。此外，多地均举办了“非遗购物节”，推动文旅消费高质量发展。

这些非遗宣传展示活动，全方位、多层次地展示了我国非遗保护成果，提高了全社会非遗保护意识，深化了非遗保护理念，让民众更深入了解非遗，促进了非遗融入现代生活，推动了非遗的传承与发展。

案例三

第八届中国非物质文化遗产博览会多元展示赋能非遗传承创新

2024 年 10 月 17 日至 21 日，第八届中国非物质文化遗产博览会（以下简称“非博会”）在山东济南举办。本届非博会以“保护传承　守正创新”为主题，突出“人民的非遗　文化的瑰宝”“融入现代生活　创造美好未来”等理念，本次活动由文化和旅游部主办，山东省文化和旅游厅、济南市人民政府承办。

本届非博会设置主题展，通过展览、非遗工坊、传统工艺工作站等形式，邀请参观者进行互动式、沉浸式非遗体验。包含“保护传承　守正创新——中国非物质文化遗产保护 20 年”主题展、山东展区、“和合共生”民俗荟等展览区域，三大展区“一步一景”。并同步举办“非遗融入现代生活”交流分享活动、非遗品牌发布活动、曲山艺海合作联盟成果交流和展演、山东省非遗社区实践活动、“赶个新国潮”青年创意市集、大篷车进社区展示展演展销等活动。其中主题展以“非遗 · 非常美”为思路，设置“美在生态更生动”“美在匠心更创新”“美在乡村好光景”“美在交流与互鉴”“美在创意与共享”等重点板块，邀请 211 项非遗代表性项目，其中国家级非遗代表性项目 147 项。100 余位非遗代表性传承人，全面展现我国加入《保护非物质文化遗产公约》20 年来非遗保护成果。“美在生态更生动”选择典型的非遗项目，全面展示 23 个国家级文化生态保护（实验）区的整体文化生态风貌。“美在匠心更创新”通过锦绣华裳、妙手生花、东方器韵、匠心雕琢、书香浸润等板块展现非遗的匠心之美。“美在乡村好光景”遴选 13 个非遗工坊与 2 个传统工艺工作站，展现非遗在助力乡村振兴方面取得的成效。“美在交流与互鉴”展示我国列入联合国教科文组织非物质文化遗产名录名册项目，以中国传统制茶技艺及其相关习俗、云锦、京剧、昆曲、剪纸、皮影戏等，体现文化的交流互鉴。

本届非博会突出“科技 + 非遗”与“全民参与”特色：一方面，通过 AR 眼镜“走进”千亩麦田感受马街书会、皮影体感互动空间等场景，结合抖音 AI 非遗馆、百度百科数字化展示等新技术，打造沉浸式非遗应用场景；另一方面，设置“小小手工匠”研学、“非遗小舞台”展演等活动，吸引青少年参与；济南市“泉城非遗娃”展示非遗进校园成果，馆内研学教室、点位为深度参与提供空间，推动非遗从“看”到“做”的转变。此外，还举办“非遗融入现代生活”交流分享、非遗品牌发布等活动，促进传承人、企业、社会组织等不同主体的交流合作。组织近百家专业采购商参会，促进供需对接，助力经济社会高质量发展。抖音的百 young 非遗体验、百度百科的 AI 非遗馆、微博的非遗焕新计划、京东方艺云的非遗作品数字化展示，以及泡泡玛特的非遗潮玩，都将为非遗保护提供新视角、新创意和新思路。

此外，根据不同展览主题，展馆内设置互动式、沉浸式小剧场，为参观者提供穿扮、听曲、品茶、赏味、手创等体验。在一层设置非遗小舞台，定期安排传统音乐、舞蹈、戏曲、曲艺、传统体育等非遗项目表演。

本届非博会不仅展现了非遗的多元魅力，更探索了传承新路径，为推动非遗融入现代生活、赋能社会发展注入新动能。究其经验，可以总结为三个方面：一是注重创新，无论是展示形式还是宣传推广方式，都充分运用了现代科技手段，提升了博览会的吸引力和参与度。二是加强合作，政府、企业、社会组织和传承人等各方的协同合作，为非博会的顺利举办提供了有力保障。三是突出群众参与，通过丰富的互动体验活动，让群众成为非遗保护传承的参与者和推动者。

案例四

2024 届原故里端午文化节 文旅融合擦亮宜昌名片

2024 年 6 月 7 日，2024 届原故里端午文化节（以下简称“文化节”）在湖北省宜昌市秭归县正式开幕，主题为“中国端午　诗意宜昌”，活动由湖北省人民政府主办，湖北省文旅厅与宜昌市人民政府联合承办。活动聚焦端午文化传承与创新，通过端午祭典、龙舟赛事、非遗展示等多元化形式，打造融国潮元素、民俗体验与竞技互动于一体的文化盛会。

本次文化节主要活动包括端午文化节开幕式、央视端午特别节目《奋楫家国——碧水长歌颂端阳 2024》“我在宜昌过端午”第二届端午文化月系列活动。同时还配套推出非遗市集、端午游园会等传统民俗体验和屈原主题文创产品与文艺展演。宜昌以此次端午文化节为契机，采用“新国潮”“趣民俗”“赛龙舟”等一系列新颖、时尚、有趣的形式，让市民游客体验不一样的“国潮端午”“民俗端午”“竞技端午”。在城区核心商圈、文化街区广场，更有端午市集、美食嘉年华、屈原家宴、宜昌肥鱼节等活动，让市民游客感悟“无处不在”的端午文化魅力，感受“身临其境”的传统佳节氛围。

按照“聚焦、融合、创新、简约”的办节原则，2024 届原故里端午文化节将突出四大特点：注重文化赋能，以节庆活动激活端午文化“一池春水”；擦亮文化名片，全方位展示宜昌城市形象，持续擦亮宜昌世界级文化品牌；突出文旅融合，以文化节系列活动为载体，让游客沉浸式近距离感受“世界旅游目的地和世界旅游名城”的独特魅力；坚持文化惠民，丰富“食、住、行、游、购、娱”等要素消费场景业态，以多彩的群众性文化活动，带市民游客感受“身临其境”的传统佳节氛围。

案例五

2024年“文化进万家——视频直播家乡年”活动 非遗年俗“云端”焕彩全民共飨

2024年1月18日，“文化进万家——视频直播家乡年”活动在湖南长沙正式启动。此活动是在中央宣传部“我们的中国梦”——文化进万家活动统一部署下开展的，是“欢欢喜喜过大年”2024年春节主题文化和旅游活动的重要内容之一。此次活动由文化和旅游部非物质文化遗产司、中央网信办网络传播局共同主办。

活动设置展播专区、开展年俗非遗直播、发起站内互动话题等，集中展示各地春节年俗，让广大网友在刷年味视频、看年俗直播、听新春歌单中，感受和分享过年的喜悦。活动持续至2月24日（农历正月十五），为各地“欢欢喜喜过大年”春节主题活动搭建线上线下互动桥梁，让群众“云端”感受欢乐、喜庆、祥和的春节氛围。

启动仪式现场，湘剧、长沙花鼓戏、浚县民间社火、汪满田鱼灯等非遗代表性项目轮番展演，为市民、游客以及广大网友奉上了精彩的“年味大餐”。活动还为2023年“文化进万家——视频直播家乡年”活动中抖音、快手平台视频播放量前十的官方非遗账号颁发纪念牌，鼓励各地非遗工作者用镜头记录春节非遗传承实践活动。

在此期间，各地也借助该活动积极开展具有地方特色的非遗传承实践活动，并通过线上平台进行广泛传播。比如安徽省开展“视频直播家乡年”短视频征集评选活动，海南省旅游和文化广电体育厅开展海南省2024年“文化进万家——视频直播家乡年”系列活动，举办非遗活动53场。济南市文化和旅游局新媒体矩阵围绕“冬游济南　欢乐贺年”主题，在腊月初八至元宵节期间，以官方抖音号、快手号、视频号为宣传主阵地，联合网络名人和非遗传承人，通过短视频、直播转播等形式呈现泉城年俗特色的非遗项目展示展播，推送各类“年”相关活动资讯，营造出良好的非遗关注与参与氛围。

2024 年“文化进万家——视频直播家乡年”活动成效显著，借助短视频与直播平台的传播优势，在全国范围内掀起了一股非遗年俗文化热潮。从传播数据来看，成绩斐然。抖音配合活动发起的“新春序曲”“dou 来一起赏灯谜”等系列主题活动，吸引了知名主持人、文艺院团演员、专业舞蹈演员、非遗传承人及广大非遗爱好者的参与。活动覆盖粉丝用户超 3400 万人，直播总曝光超 2900 万，获赞超 1400 万。活动期间，众多非遗传承人和广大用户积极参与，通过镜头记录下各地丰富多彩的春节非遗活动，并以直播或视频展播的形式进行互动交流，营造出了欢乐祥和、喜庆热闹的中国年氛围。该活动不仅让非遗年俗文化得到广泛传播，扩大了非遗的影响力，还通过线上线下的互动，丰富了人民群众节日期间的精神文化生活，让更多人感受到中国传统节日的魅力与深厚的文化内涵，对传承和弘扬中华优秀传统文化起到了积极的推动作用。

案例六

“海丝起点　清新福建——非物质文化遗产展演”活动　非遗盛宴促文化互鉴

2024 年 2 月 2 日，“海丝起点　清新福建——非物质文化遗产展演”在澳门博物馆开幕。此次活动由澳门特别行政区政府、福建省人民政府共同主办。本次活动包含静态的实物展览、动态的活态展演、交互式的互动体验和浸入式的影像宣传。其中，静态展览和影像宣传延续至 5 月 5 日。此次活动是 2016 年福建省与澳门特别行政区建立闽澳合作会议制度以来，福建省首次在澳门举办的大型非遗展演活动。

该活动作为文化和旅游部“欢乐春节”品牌活动的组成部分。开幕式上，26 名来自福建的非遗传承人，带来福建木偶戏、咏春拳、福建香制作技艺、建窑建盏烧制技艺等 10 多项福建非遗技艺展演展示，以及诏安彩扎、惠安石雕（影雕）、蟳埔女习俗、福州同利肉燕、耳聋伯元宵丸制作技艺的互动体验，集中向澳门市民展示别具山海特色的福建文化资源，推动闽澳两地文化的交流互鉴。活动现场，福建非遗传承人与澳门民众互动交流，不少澳门民众饶有兴致地观赏体验，同时表达对福建文化和旅游的浓厚兴趣，希望有机会走进“海丝起点　清新福建”实地游览。

此外，为期 3 个月的展览以“丝海扬帆　行稳致远”“格物致知　继往开来”“福见澳门　福来福往”三个单元为展线，展出福建各地非遗项目 49 项，展出非遗精品 96 件 / 组，集中向澳门市民展示福建别具山海特色的海丝文化、朱子文化、福文化资源，推动闽澳两地文化的交流互鉴。

此次活动以丰富多元的形式展现福建非遗魅力，取得了超出预期的传播效果与社会反响，成为擦亮福建文化名片的重要载体。活动期间，线下主会场与线上直播平台联动发力，让千年海丝文化与福建非遗精髓深度融合。该活动不仅强化了民众对福建非遗的保护意识，更推动了海丝文化交流。展演让福建非遗在活态传承中焕发新生，为“清新福建”文化品牌注入了深厚的历史底蕴与鲜活的时代活力。

案例七

2024年“茶和天下　共享非遗”主题活动以茶为媒促非遗传承助力茶企发展

2024年9月25日，2024年“茶和天下　共享非遗”主题活动在云南省普洱市启动。此次活动由文化和旅游部、云南省人民政府主办，云南省文化和旅游厅、普洱市人民政府承办。

活动持续三天，举办与茶相关的非遗项目交流展。交流展内容涵盖“中国传统制茶技艺及其相关习俗”科普长廊、云南特色茶俗展示（重走茶马古道真人互动演艺）；沉浸式体验序厅（申遗时光长廊和数字茶山沉浸式体验区）、茶文化展区（绿茶展区—白茶展区—黄茶展区—青茶展区—红茶展区—黑茶展区—再加工茶展区）；现代茶饮展等。参展人员均来自入选联合国教科文组织人类非物质文化遗产代表作名录“中国传统制茶技艺及其相关习俗”的44项非遗代表性项目的传承人，以及全国茶点、茶器、茶歌、茶舞、茶戏等与茶相关的非物质文化遗产代表性项目。此外，还搭建了茶饮文化展示空间、举办茶文化市集等，展现茶文化在当代的创新与发展；以情景演绎等方式再现茶马古道文化盛景。

活动期间参展的茶企不仅有龙头企业，也有品牌茶企，还有茶叶初创企业和农村合作社。活动为各个茶企推介茶、销售茶提供了一个宝贵的平台，为茶企寻求发展带来了重大机遇，也让当地市民沉浸式体验了普洱茶文化的独特魅力。除主会场活动外，文化和旅游部还组织全国各地依托与茶相关非遗项目在茶园、茶厂以及相关非遗传承体验设施等场所，同步开展宣传展示活动。

此次活动期间，来自全国各地的非遗代表性项目的传承人、茶企代表等齐聚一堂，以茶为媒，以器载道，以非遗会友，充分展示相关国家级非遗代表性项目在保护传承与创新发展过程中的探索与成就，为加强非物质文化遗产保护，探索茶文化传承创新提供了新模式。

案例八

“广西三月三·八桂嘉年华”活动大地飞歌赏非遗

2024年4月11日，农历三月初三，2024年“广西三月三·八桂嘉年华”文化旅游品牌活动拉开帷幕，活动从4月11日持续至5月11日。本次活动以“潮起三月三　奋进新征程”为主题，由中共广西壮族自治区党委、自治区人民政府主办。

活动开启九项重点活动和“桂风壮韵浓”“相约游广西”“民族体育炫”“e网喜乐购”“和谐在八桂”五大板块共25个大类活动。2024年的主会场以“新民歌+非遗”为重点，着力打造一场体验多彩非遗的欢乐嘉年华。开幕式分为“乐行广西”“美味广西”“锦绣广西”“大美中国”“多彩东盟”5个非遗村寨，其中“乐行广西”村寨，集中展示广西传统非遗乐器；“美味广西”村寨，除了展示广西传统美食，还将通过评选，选出“广西三月三·十大必吃菜”“广西三月三·十大必吃小吃”；“锦绣广西”村寨，主要展示广西传统布艺、织锦、民族服饰、各种民族手作；“大美中国”村寨，邀请了宁夏、新疆、内蒙古、西藏、浙江、陕西等省区有代表性的非遗项目参展；“多彩东盟”村寨，主要展示东盟国家代表性非遗项目。通过互动式、沉浸式的体验，强化“中国非遗看广西”“水果自由靠广西”“休闲康养在广西”理念。5个村寨之间设置酒街、茶街、糖街、科技潮玩街、文化创意街，彰显广西丰富物产、发展成果，让游客在一个沉浸式的游玩过程中饱览“广西三月三”。展区一侧的“非遗课堂”，有来自广西各地的11项非遗项目供游客体验。不论是刺绣、竹编、油伞，还是拓印、木构、蜡染，非遗大师们倾囊相授，游人纷纷参与体验。

此外，自治区层面与中央广播电视总台合作录制文化节目《非遗里的中国》广西篇、录制《新民歌大会》第二季、举办“潮起三月三”创意设计大赛、打造南宁市“民歌一条街”、出版《中华传统文化里的“三月三”》主题图书、开展“相约三月三、浪漫广西行”——全国重点新媒体看广西主题采访活动、举办2024广西三月三走进港澳系列活动、“广西三月三·八桂嘉年华”闭幕式暨“大地飞歌·2024”晚会等九项重点活动。

同时，14个市也结合地域特色、文化亮点，策划开展三月三系列活动，如柳州重点打造“鱼峰歌”全国山歌邀请赛，桂林重点推出非遗潮玩大集，梧州举办“唱游·休闲梧州——三三踏春会”，北海重点推出蛋家婚礼“梦幻联动”，钦州开展“歌飞三月三·滨海运河城”系列文旅品牌活动，玉林举办集“民族变装、艺术巡演、非遗集市、旅游推介”为一体的艺术节，百色举办“和美红城　千姿百色”各族群众庆祝“三月三”大联欢活动，河池围绕“刘三姐歌谣”传唱，开展演武节文化旅游活动等。

经过8年精心打造，“广西三月三·八桂嘉年华”文化旅游品牌活动已成为广西的一张亮丽的名片，成为弘扬中华优秀传统文化、展现民族文化魅力、促进民族团结、凝聚发展动力的盛会，活动影响力持续攀升。

案例九

2024“新疆是个好地方”对口援疆非遗展示活动多省联动展非遗魅力

2024年8月22日至26日，2024“新疆是个好地方”对口援疆非物质文化遗产展示活动（以下简称“非遗展”）在新疆巴音郭楞蒙古自治州库尔勒市开幕。本届非遗展由文化和旅游部、新疆维吾尔自治区人民政府主办，新疆维吾尔自治区文化和旅游厅、巴音郭楞蒙古自治州人民政府承办，并得到北京、天津、河北、山西等21个省市文化和旅游厅（局）的协办支持。本届非遗展延续“文化的瑰宝，人民的非遗”主题，首次向全国非对口援疆省市发出邀请，青海、云南两省参展，此次参展省市规模为历年之最。

本次非遗展立足新疆丝绸之路经济带核心区的优势，搭建非遗国家级展示平台，通过“非遗+展演”“非遗+文创”“非遗+旅游”“非遗+研学”“非遗+快闪”等多种形式，生动展示我国非遗保护工作成果，推动非遗融入现代生活，促进非遗成果人民共享。主会场活动设在库尔勒市会展中心。其中，“多彩非遗”展区将由对口援疆省市、青海、云南、兵团、新疆、巴州等24个展区组成，展示323项非遗项目和491位传承人的风采。“指尖非遗”和“乐舞非遗”等单元也将通过现场展示和演出，让观众亲身体验非遗的魅力。

此外，分会场活动在巴音郭楞蒙古自治州三馆、库尔勒民俗文化博物馆、塔里木石油影剧院、天鹅河景区等地举办，配套推出非遗夜游、文博探馆、歌舞诗《萨吾尔登》专场演出等活动，并推出多条非遗主题旅游线路，引导游客体验当地丰富多彩的文旅资源。

本届非遗展具有多个显著特色：一是聚焦铸牢中华民族共同体意识主线，突出非遗在促进各民族交往交流交融中的重要作用；二是活动规模创历年新高，参展省市、展区面积、参展项目及传承人数量均达到历届之最；三是活动内容更加丰富多元，面向不同观众群体安排了精彩纷呈的活动；四是活动参与群体呈现年轻态，中青年传承人成为非遗展示活动的主力军；五是总体设计彰显自信开放形象，以“开放”为总体设计思路，寓意新疆更加积极昂扬的开放姿态和非遗主动拥抱时代的发展势能。

此次非遗展不仅是一次非遗的盛宴，更是新疆与全国各省（区、市）广泛交往、全面交流、深度交融的重要平台。通过此次活动，将进一步推动文化润疆工程的深入实施，有形有感有效地铸牢中华民族共同体意识，构筑各民族共有的精神家园。

案例十

第十四届中俄文化大集活动为中俄友谊注入强大文化动力

2024年6月29日，第十四届中俄文化大集（以下简称“文化大集”）在俄罗斯布拉戈维申斯克（海兰泡）开幕，并于8月20日在中国黑河市闭幕。此次文化大集是由中国文化和旅游部、黑龙江省政府、俄罗斯联邦文化部、俄罗斯阿穆尔州政府共同主办，黑龙江省文化和旅游厅、黑河市人民政府、俄罗斯阿穆尔州文化与民族政策部、布拉戈维申斯克（海兰泡）行政公署共同承办的大型文化交流活动。本次文化大集以构筑我国向北开放合作新高地为目标，推出了“高端互访、文化交流、文旅推介、沿边文旅走廊建设”四大板块，涵盖文艺演出、非遗展示、美食品鉴等18项特色活动。作为中俄建交75周年及中俄文化年系列活动之一，本届文化大集进一步深化两国在文化、旅游、教育等领域的合作。

来自中俄两国各地民众近万人参加了中俄文化大集开幕式。8月20日闭幕式期间，中央歌剧院合唱团、交响乐团携手俄罗斯“复活”室内乐合唱团及俄罗斯旋转木马民乐团为观众带来了一场音乐盛宴。中俄艺术家们的精湛演出在第十四届中俄文化大集留下了浓墨重彩的一笔，也为活动画上了圆满的句号。

此次文化大集文旅推介成果丰硕。通过举办文旅推介会、推出特色旅游线路等活动，推动了中俄边境地区旅游合作。中俄非遗赶大集活动中，邀请了两国110位手工艺者及表演艺术家参与，设有玛瑙展示区、传统美食区等多个区域，不仅展示了中俄非遗，还促进了非遗与旅游的深度融合，吸引大量游客，提升了当地旅游的知名度与影响力。

第十四届中俄文化大集已成为中俄两国国家级、区域性、协作性、机制性和民众性于一体的文化交流品牌项目，为两国在文化、旅游、经贸等领域的全方位交流合作注入了强大动力，有效推动了中俄文化交流向更高水平迈进，为两国人民友谊的深化与发展搭建了坚实的桥梁。

最具传播影响力非遗活动案例集锦

案例一

首届“天府非遗周”活动
多维赋能促非遗活态传承

2024年11月13日，由四川省文化和旅游厅主办的首届“天府非遗周”（以下简称“非遗周”）在成都启动。当晚，2024“焕新非遗·天府之夜”在成都举行，首届“天府非遗周”活动同步拉开帷幕。

本次非遗周从11月13日持续至11月17日，内容包括“2024焕新非遗·天府之夜”盛典、非遗沉浸式市集、天府旅游美食体验以及“蜀韵国风　锦绣丝路”蜀锦宣传推广等，多维度、多形式全面展示四川非遗的独特魅力和保护传承的生动实践。2024“焕新非遗·天府之夜”以《非遗之蕴　文化之魂》《薪火相传　历久弥新》《时代焕新　潮向未来》三个篇章，聚焦“多彩非遗、共生共享”主题，以非遗价值弘扬为主线，盘点四川非遗年度重大事件，展示非遗保护传承生动实践，赋能高质量公共文化服务和文旅消费新场景打造，引领驱动非遗创新融合发展。活动发布了2024年度四川非遗保护传承优秀案例，还向非遗焕新传承人和传播贡献优秀案例进行了颁奖，这些创新传承传播的优秀实践，让更多的人看到非遗、感受非遗、爱上非遗，推动非遗不断焕新出彩。

非遗集市活动也在东郊记忆及锦门街区等地热闹开场，打造“非遗潮好吃”“非遗潮好玩”“非遗潮好买”三大区域。在这里，市民可以品尝到来自全国各地的非遗美食，近距离欣赏并购买到独具特色的非遗好物，还能参与互动性强的非遗项目，深切体验非遗技艺的精妙。此外，百城百艺巡演、非遗潮乐会等精彩演出，也将让市民在吃喝玩乐中感受非遗的魅力。

特别值得一提的是，“蜀韵国风　锦绣丝路”蜀锦推广活动于11月16日至17日在天府锦门·丝绸文化小镇街区举行，活动通过蜀锦活态化沉浸式文化街区体验、主题晚会等形式，展示蜀锦在历史上的重要地位和文化价值，探索其创新转化与市场化发展路径。参与者可以穿梭于汉代、唐代及宋明清街区，感受古蜀匠人的匠心独运，了解蜀锦的制作过程，欣赏并购买蜀锦文创产品，同时，还能参与互动活动，沉浸式了解蜀锦历史，体验蜀锦制作的乐趣。

本次非遗周在文化传播、社会参与和产业赋能方面成效显著，为四川非遗传承发展注入活力。文化传播上，活动集中展示川菜烹饪、蜀绣、川剧等近百项非遗项目。川剧变脸、蜀绣展演等引发热烈关注，相关话题社交媒体阅读量和短视频平台播放量均破亿，大幅提升了四川非遗的知名度。社会参与方面，通过非遗体验区、亲子工坊等互动环节，吸引超30万人次线下参与，青少年占比40%，激发大众的传承兴趣。全国非遗机构与专家参与传承论坛，就活态传承等议题形成多项共识。产业赋能中，非遗产品展销平台促成交易额超千万元，部分项目与旅游、设计行业达成合作。活动还推动形成“政府主导、社会参与、市场运作”的非遗保护新格局，多地后续推出非遗主题旅游、进校园等活动，为文化强省建设注入动力。

案例二

龙年非遗大集
双线融合举办，全面助力非遗守正创新

2024年2月10日，正值甲辰龙年正月初一，龙年非遗大集在河北省香河县国安第一城火热开集，大集从大年初一持续至正月十五。本次龙年非遗大集（以下简称“大集”）由文化和旅游部非物质文化遗产司指导，中国非物质文化遗产保护协会与河北省文化和旅游厅、廊坊市人民政府、中信国安集团联合举办。

大集分为“甲辰龙集”“把式江湖”“食神街”“千物集”四大板块，汇集21个省市的200余个优选非遗项目。之前3年，春节非遗大集品牌活动均为线上举办，2024年“龙年非遗大集”不仅线上举办，还办到了线下，借助线上的号召力、传播性，融合线下的体验感和参与性，让观众在可听、可尝、可赏的非遗市集中，近距离感受非遗精神内涵，一个个非遗项目鲜活起来，春节非遗大集品牌也随之深入人心。与此同时，“龙年非遗大集”全程支持参与“新春非遗之夜”的筹备、录制工作，该节目是中央广播电视总台以“寻味非遗里的中国年”为主题推出的节目，是全国非遗大联欢精品晚会，部分在河北省廊坊市国安第一城内的演出登上了《新春非遗之夜》电视节目。

大集举办期间，在国安第一城内真正打造了一场可以逛、可以玩的大集。整个城池如同巨大的舞台，张灯结彩，让观众仿佛置身于一个充满非遗韵味的独特空间。在这个大集里，重庆铜梁龙舞、广东醒狮、河北香河肉饼、湖北英山缠花等丰富多彩的非遗元素相互交融。三步一景，从玩、到吃、到赏，观众被展演调动着感官，深度体验中华民族传统春节习俗，感受大江南北非遗独特魅力。

此外，跨界融合为大集带来更多打开方式。大集创新性地以“非遗+科技”“非遗+文创”营造互动消费场景，采用裸眼3D、XR等新技术手段活化呈现中华优秀传统文化，让游客耳目一新。“千物集”区域内的传统口金包、结绳技艺、科尔沁蒙古族服饰刺绣、内蒙古毡绣刺绣、北京礼物等非遗文创产品，则将传统非遗技艺与现代创新设计理念融合，推动非遗走进当下年轻人的生活。

龙年非遗大集不仅为游客烹饪了文化盛宴，对于传承人而言也是一次交流提升的机会。近千名非遗传承人及表演人员，既有精神矍铄的老者，也有朝气蓬勃的少年，既有经验丰富的国家级传承人，也有初出茅庐的新人，大集为非遗传承人提供了良好的沟通交流的桥梁。大集是以活动推动非物质文化遗产的活态传承、社会传播和全民共享的典型案例，也为公众提供了一个接触非遗、了解非遗、体验非遗以及消费非遗产品的新时代场景。

案例三

2024“国际茶日”主题系列活动推动茶文化与非遗传播传承显成效

2024年5月21日是第五个“国际茶日”，2024“国际茶日”主题系列活动在北京举办。本次系列活动由中国工艺美术馆、中国非物质文化遗产馆联合浙江省文化广电和旅游厅共同主办，浙江省金华市文化广电旅游局承办，浙江省金华市非遗保护和信息中心、浙江省金华市非物质文化遗产保护协会执行承办，浙江婺剧艺术研究院、北京拂晓文化有限公司、浙江省金华市第一中等职业学校和各相关非遗代表性项目保护单位协办。

本次系列活动包括“好山好水出好茶——茶文化茶生活展”“遇见非遗：婺风遗韵·金华美”非遗展演和与之配套的金华非遗一站式体验活动。展览通过“古韵茶源”“茗类荟萃”“器以载道”“礼乐茶宴”“现代茶生活”“缤纷茶品”六个单元，集中展示了该馆近百件与茶相关的馆藏工艺美术精品，聚焦一省一市（浙江省金华市），让观众生动感受根植于中华优秀传统文化文脉又具有鲜活现代气息的非遗茶文化、茶生活。

“遇见非遗：婺风遗韵·金华美”非遗展演，将婺剧、龙舞（浦江板凳龙）、十八蝴蝶、金华道情等国家级非遗代表性项目和乌龟端茶、跳魁星等省级非遗代表性项目，以展演、情境、互动等方式，为观众呈现了一场流动的视觉盛宴；加上义乌红糖制作技艺、锡雕、婺州窑陶瓷烧制技艺、永康铜艺等非遗代表性项目的活态展示，串联起《洞天福地仙人举岩》《金华是个好地方》《婺风遗韵龙腾盛世》《一起来金华》等篇章。与非遗展演活动相呼应的，还有在外部环廊更多的金华非遗一站式体验。

2024“国际茶日”主题系列活动近千名传承人及表演者齐聚，专家学者围绕制茶技艺传承研讨献策，为非遗活态传承提供了理论与实践支撑。

案例四

第二届中国非物质文化遗产保护年会带动非遗发展及文化传承创新

2024 年 7 月 20 日，第二届中国非物质文化遗产保护年会（以下简称“年会”）开幕式在江苏无锡宜兴的窑湖小镇举办。本届年会由文化和旅游部指导，中国非物质文化遗产保护协会主办，江苏省文化和旅游厅、无锡市人民政府联合主办，无锡市文化广电和旅游局、宜兴市人民政府承办，中国数字文化集团、宜兴阳羡旅游集团执行。本届年会以“守正创新　赓续薪火”为主题，由开幕式、非遗大集、年会论坛构成，通过形式多样、立体多元的非遗项目展览展示、年度非遗保护成果发布、非遗学术研讨等精彩内容，呈现一场传统文化与新时代气息相结合的非遗盛会。

开幕式上，中国非物质文化遗产保护协会发布《中国非物质文化遗产传播蓝皮书 2024》。该书基于各地区、各门类、各级非遗传承人、各项非遗活动的互联网传播数据，多方面总结归纳了 2023 年度非遗保护传承工作概况，梳理提炼了 2023 年度非遗传播工作特点，选取摘编了全国非遗传播典型案例，分析提出了进一步做好非遗传播工作的建议，为做好非遗传播、宣传非遗保护传承成果、合力推进中华优秀传统文化创造性转化和创新性发展提供助力。

来自全国各地数百项国家级、省市级代表性非遗项目，以馆、店、铺、摊、街、水域的立体展陈，将南北风土人情融进江南水乡，糅合传统文化的厚重感与新时代气息，让游览者沉浸式体验了一场非遗盛会。

7 月 21 日，以“新时代非遗新使命”为主题的年会论坛拉开序幕，全国非物质文化遗产及相关领域数十位专家学者、非遗传承人齐聚一堂，共话非遗的保护传承与创新发展，深入探讨新时代背景下非遗保护传承的新使命、新趋势及新传播方式。

年会不仅实现文化传播价值，更形成可持续的产业生态，为中华优秀传统文化创造性转化提供了可复制的“宜兴经验”。

案例五

2024“点亮中国灯”——龙年灯会灯彩迎新春全国主会场活动 非遗灯彩融合科技绽放文化魅力

2024年2月2日晚，2024“点亮中国灯”——龙年灯会灯彩迎新春全国主会场活动（以下简称“灯会”）在江苏省南京市秦淮区夫子庙景区举办。2024年的主会场活动主题为“点亮中国灯　共筑中国梦”，由文化和旅游部非物质文化遗产司、江苏省文化和旅游厅、南京市人民政府主办，南京市文化和旅游局、南京市秦淮区人民政府承办。

灯会是文化和旅游部“欢欢喜喜过大年”2024年春节主题活动重要内容之一，随着龙腾盛世的灯光亮起，2024“点亮中国灯”——龙年灯会灯彩迎新春全国主会场活动暨第38届中国·秦淮灯会正式启幕，现场华灯璀璨、流光溢彩，上演一场实景版的《上元灯彩图》。全国灯会灯彩项目展在秦淮非遗馆举办，设置瑞龙贺春、非遗新韵、匠心传承、盛世欢歌4个板块，汇聚全国15个省市35项灯会灯彩非遗代表性项目150余件作品，展览持续至2月24日（农历正月十五）。

本次主场活动有三大亮点，一是根脉分明，突出龙年主题。全国灯会灯彩项目展共展出龙灯22组，聚焦同一个主题——“龙”，设计制作题材、形式、材质风格迥异的作品，体现中华优秀传统文化的多样性和包容性。二是各美其美，展示地域特色。各地灯会灯彩非遗代表性项目集中展示，自贡灯会、胜芳灯会、石城灯会、淄博花灯会共同汇聚秦淮河畔。三是传统新生，应用现代科技。在秦淮河畔举行的亮灯仪式，结合多媒体、灯光、舞台特效、无人机空飘表演、数控灯组等手段，深度融合国宝级名画《上元灯彩图》，通过裸眼3D光影秀演绎古韵今风，再现上元灯彩盛景，以虚拟与现实灯彩交融观感展现秦淮独特魅力。

案例六

2024大理白族自治州“三月街”民族节文旅体融合引百万游客共赴盛宴

2024年4月23日至29日，大理“三月街”民族节（以下简称“民族节”）成功举办。活动由大理州人民政府主办、大理市人民政府承办。

节日期间，主要活动有开幕式、商贸活动、赛马大会、民族传统体育运动会、民族民间原生态歌手对歌、“大理三月嘉年华”大型互动联欢、“爱在大理”音乐节等一系列丰富多彩的活动，营造出文艺搭台、经济唱戏、经贸繁荣、安全有序的良好氛围，吸引近150万国内外游客和州内各族群共赴盛宴。

大理州12县市、各大中专院校、企业的2193名演员参加了2024年大理“三月街”民族节开幕式大型文艺演出，《龙腾盛世》《无尽乡愁》《幸福路上》《和合大理》《大理三月好风光》等一幅幅美丽画卷徐徐拉开，展示了大理经济社会文化高质量发展的生动图景，开幕式线上线下观众超过300万人次。

民族节期间举办的第十二届全国少数民族传统体育运动会（马术项目）云南省选拔赛、2024年大理“三月街”民族节赛马大会暨大理州第25届少数民族传统体育运动会，来自北京、沈阳、内蒙古、贵州、山西等国内知名马术俱乐部以及昆明、丽江、迪庆、保山和大理州部分县市的共23支马术代表队、89名运动员、126匹赛马参加了13个项目的比赛。来自全州12个县市代表队的194名运动员，参加了射弩等4个大项23个小项的比赛，为各族群众呈现了一场富有特色、精彩纷呈的民族体育盛宴，有效推动了民族传统体育与旅游、文化等业态融合发展。

民族节期间，首届“大理三月嘉年华”大型夜间群众性广场互动联欢活动吸引1.5万人次火热参与。多项活动顺利开展，全州近百名民间民族歌手、14支大理市优秀洞经古乐队、7支大本曲非遗传承人代表队共600多人参加演出，线上线下60万人次共享大理非遗。各县市、州白剧团、州群艺馆分别组织了文艺演出，近千名演员轮番登台献艺，展现大理绚丽多姿的民族民间文艺。民族节汇集了大理州特色美食、12 县市名特优产品、东南亚特色商品、非遗产品展销和中药材销售等业态，共有 800 余家企业和个人参展，展示了 1000 余种各式各样的商品，截至 4 月 29 日现场销售额已达 5000 余万元。12 县市名特优产品展区共组织了 105 户州内企业、1000 余种大理州特色商品参展，现场销售商品金额达 260 多万元。

当前，“三月街”民族节已成为大理的一个重要文化品牌，大理州充分发挥“三月街”作为全州民族节庆活动、民族团结交流的龙头和载体作用，不断推动文化、体育、旅游融合发展，扩大经济交流与合作，着力把大理打造成为全国民族团结进步的典范。同时，大理州将进一步深入挖掘“三月街”民族节文化内涵，不断丰富节日文化活动内容，把“三月街”民族节办成各民族扩大交流、加深感情、增进友谊的盛会。

案例七

全国“古城过大年”活动 引客增效促发展

2024年春节期间，文化和旅游部非物质文化遗产司发动各地依托本地非遗项目和传统年俗在古城内广泛开展非遗宣传展示活动，共同打造全国“古城过大年”活动品牌，并指导河北正定、山西平遥、广东潮州、四川阆中、陕西榆林5个古城开展“古城过大年”重点活动，营造欢乐祥和节日氛围，推动春节文化保护传承，促进节日期间文化消费。

2月2日至3日，陕西榆林、山西平遥、广东潮州、河北正定陆续启动本地“古城过大年”活动。其中，“榆林古城过大年”突出陕西非遗迎新春主题，举办全国秧歌展演、“冒铰媳妇”剪纸大赛等百余项活动；“平遥古城过大年”以“龙腾新时代 活力中国年”为主题，举办第六届山西省漆画作品展、社火会演、花灯庙会等活动；“潮州古城过大年”在古城内举办“潮玩古城”系列活动，开展潮州工夫茶艺展示、舞龙表演等；“正定古城过大年”将传统文化与现代潮流相结合，举办古城灯会、京津冀非遗集市、非遗巡游等多场活动。“阆中古城过大年”以“寻年味、赏年俗、享年趣”为主题，陆续推出东西部协作（云上）年货节、阆苑仙葩迎春灯会等活动。各地“古城过大年”活动将持续至2月24日（农历正月十五）左右。

这些活动吸引了大量游客前往古城过年。比如阆中古城春节期间A级旅游景区累计接待游客83.53万人次，同比增长43%，古城景区连续8天开启“人从众”模式。平遥古城的“平遥中国年”自2006年创办至今，每年吸引数十万中外游人。正定古城成为春运启动以来大家最愿意去的热门景点之一，春节假期迎来众多天南海北的游客，古城墙灯会、非遗集市等人气火爆。湘桥区所在的潮州古城入榜全国假期旅游目的地前五十，春节期间游客纷至沓来，感受浓浓的年味和独特的文化魅力。

案例八

2024 非遗影像展
多种形式展现非遗魅力

2024 年 10 月 23 日至 25 日，2024 非遗影像展（以下简称“影像展”）在浙江省衢州市开化县举行。影像展是为纪念我国加入《保护非物质文化遗产公约》20 周年而举办的专题活动，以“赓续中华文脉，谱写当代华章”为主题，由文化和旅游部民族民间文艺发展中心与浙江省文化广电和旅游厅、中共衢州市委、衢州市人民政府联合主办。

本届影像展的开幕影片创造性地以 4 部“短视频”“微纪录片”构成。影像展通过影片展映、图片展览、非遗市集等七大板块，集中展示来自全国 22 个省（区、市）的 500 余部非遗影像作品，涵盖传统手工艺、表演艺术、民俗节庆等非遗类别。

影像展期间，百余部（组）作品在线上线下展映展示专区、横店电影城开化店和浙江省非物质文化遗产保护中心（浙江省非物质文化遗产馆）分会场进行展映，生动反映非遗影像记录的创新实践，展现中华优秀传统文化的独特魅力。同时，2024 非遗影像展组委会组织非遗影像领域的专家对入围影片进行了评选，从中选出了《鼛师》等“2024 非遗影像展 10 大推荐长视频”，《彩龙翻腾贺新春，江津邀您过大年——江津小彩龙舞》等“2024 非遗影像展 10 大推荐短视频”，《非遗 · 见人见物见生活（组图）》等“2024 非遗影像展 10 大推荐纪实摄影图片”。

此次影像展累计接待观众 33 万余人次，同步开展的“百场百影”非遗影像进乡村活动覆盖衢州全域。影像展得到了社会公众及媒体的广泛关注，《人民日报》、《光明日报》、《文汇报》、《中国日报》、《中国青年报》、《中国文化报》、《中国旅游报》、央视新闻、澎湃新闻、新华网、中国网、浙江卫视、浙江非遗、衢州文旅等众多媒体对本次非遗影像展进行了专题报道。推动非遗的活态传承与创新发展，为非遗保护事业贡献力量，有效提升了非遗影像的可见度和影响力。

案例九

气象万千——中国非遗保护实践主题展展现非遗与现代生活交融实时图景

2024 年 6 月 7 日，“气象万千——中国非遗保护实践主题展”（以下简称“主题展”）在中国非物质文化遗产馆开展，作为今年“文化和自然遗产日”非遗宣传展示重点活动之一，主题展由文化和旅游部非物质文化遗产司指导、中国非物质文化遗产馆主办。

主题展览共搭设了 6 大场景、2 条非遗街区、8 个体验互动区和 15 个多媒体展项，还邀请了多位国家级非遗代表性传承人带徒现场展演，用真实可感的方式生动呈现中国非物质文化遗产的保护成果。展厅里，原貌呈现的徽州地区古戏楼颇具韵味，京剧、黄梅戏、昆曲等 16 个戏曲非遗项目的经典选段，通过名家现场展演和纱幕投影的形式，在戏台上轮番演绎，为观众带来沉浸式体验；在传统美术和传统技艺单元，展出刺绣、年画、石雕、木雕、营造技艺等 60 个项目，重点展示非遗项目的制作技艺，系统呈现从材料到成品的制作过程；在传统制茶技艺单元，通过展示茶叶的种植场景、制作技艺、文化空间，以茶叙事、以茶述理、以茶论道；在民间文学和民俗单元，重点展出三大史诗、端午节等 14 个项目，表现非物质文化遗产在连结民族情感、维护国家统一方面发挥的重要作用。展厅里还展出了见证了海上丝绸之路沿线的文化间对话的送王船的用具，体现了人与海洋之间的可持续联系，长期以来发挥着巩固社区联系、增强社会凝聚力的作用，体现了顺应可持续发展的文化创造力。

主题展在暑期吸引了众多游客和观众。展览展出的 600 多件（套）展品涵盖非遗的十大门类，涉及 100 余项国家级非遗代表性项目。

案例十

2024年山东省非物质文化遗产月丰富人民群众节日文化生活

山东省是全国第一个以立法形式开展“非物质文化遗产月”活动的省份。2024年2月2日至3月11日（农历腊月二十三至二月初二）是“山东省非物质文化遗产月”（以下简称“非遗月”），全省集中开展648项非遗宣传展示活动，重点推出主会场活动、“文化进万家——视频直播家乡年”活动、“年画进万家·幸福中国年”活动以及全省非遗传承实践等系列活动，内容丰富、亮点纷呈，线上线下同发力，推动非遗融入家庭团聚、社区交流中，融入人民群众生活。

非遗月期间，山东省文化馆策划推出“龙跃齐鲁过大年”非物质文化遗产沉浸式体验展、“非遗过大年·嗨购年货节”等系列活动，以及“河和之契　源脉永续”——第三届山东省暨济南市楹联征集优秀作品书法展和“春节喜乐汇”非物质文化遗产月系列演出活动。3月9日至11日，2024年山东省非物质文化遗产月暨二月二舞龙大会在日照市东夷小镇举办。大会以“百龙舞动黄海之滨　幸福顺遂华夏大地”为主题，由山东省文化和旅游厅、日照市人民政府共同主办。活动现场，舞龙舞狮表演、炒糖豆、开笔礼、单人龙舞等民俗体验活动丰富多彩，岚山渔民号子、夹仓传统吹打乐、水族舞等民俗展演呈现出浓厚的海洋文化特色，热闹壮观的场面引来阵阵喝彩。东港区民俗展演、岚山区民俗展演、百姓才艺展演、山东省非遗保护十大亮点工作图片成果展等系列活动也精彩亮相，为市民游客带来沉浸式民俗体验。现场还为省级非遗工坊代表和第六批省级非遗代表性传承人代表颁发了奖牌。

非遗月期间，全省各地突出惠民主题，借助非遗资源，找到传统文化和现代生活的连接点，依托本地非遗项目和传统年俗，在古城内举办秧歌旱船、锣鼓社戏、庙会大集等传统节俗和非遗展示活动，培育打造“古城过大年”品牌。

案例十一

“舞动中国龙”——龙舞大巡游
弘扬传统文化　激发民族精神

2024 年 2 月 23 日至 24 日，“舞动中国龙”——龙舞大巡游在广东省惠州市举办（以下简称“大巡游”）。大巡游由文化和旅游部非物质文化遗产司、广东省文化和旅游厅、惠州市人民政府共同主办，是文化和旅游部“欢欢喜喜过大年”2024 年春节主题活动重要内容之一，也是广东省“请到广东过大年”春节期间的重要活动。主会场活动设在惠州，包括“舞动中国龙”——龙舞大巡游和“多彩非遗闹元宵”展演。

2 月 24 日（正月十五）上午，“舞动中国龙”——龙舞大巡游汇集全国 12 个省（区、市）共 18 个龙舞类国家级非遗代表性项目，中国香港、澳门 2 支龙舞队伍，以及广东省内 31 个非遗项目组成的特色队伍，共 1200 余人参加。本次巡游路线由惠州市体育馆起，跨东江，过朝京门，经平湖门，最终达圆通桥，融合惠州历史人文景观和自然风光，并在朝京门、平湖门进行定点演出，巡游全程总计 3.6 公里，包含汇集全国 12 个省（区、市）的 18 个龙舞类国家级非遗代表性项目及港澳地区队伍。让民众近距离感受到龙舞类非遗项目的独特魅力，也进一步弘扬中华优秀传统文化。《人民日报》、《新华社》、《中国日报》、《中国青年报》、《中国文化报》、《中国旅游报》、光明网、新华网等 50 余家媒体对本次活动进行报道，新华社、文旅之声、光明网、央广网、中国青年报客户端、文旅中国、中国旅游报客户端、《南方日报》、《羊城晚报》、《南方都市报》、惠州市云直播全媒体矩阵等超 100 个平台对活动现场进行同步直播，超 1800 万人观看了线上直播。

“舞动中国龙”——龙舞大巡游全国主会场活动不仅近距离让人民群众感受到龙舞类非遗项目的独特魅力，营造“欢欢喜喜过大年”的浓厚氛围，也进一步加强了中华优秀传统文化的宣传阐释和传承弘扬，反映出新时代新征程亿万中华儿女推进强国建设、民族复兴伟业的坚定意志和美好愿望，激发着中华民族自强不息、奋斗进取的精神。

案例十二

第三届湖南非遗博览会 大湖之南“湘”遇盛宴

2024 年 9 月 21 日，第三届湖南非遗博览会在衡阳市建湘工业文化街区开幕。第三届湖南非遗博览会以“非遗潮起，薪火‘湘’传”为主题，由湖南省文化和旅游厅、衡阳市人民政府主办，湖南省文化馆（湖南省非物质文化遗产保护中心）、衡阳市文化旅游广电体育局、衡阳市珠晖区人民政府承办。

本届博览会为期三天，整体设计结合“火、雁、纸”三大元素，构建“1162”办会格局，即 1 场开幕式、1 场云上直播、6 大特色展区和 2 场大秀，展览总面积达 5000 平方米，共有近 200 个参展项目，集中展示近年来非物质文化遗产系统性保护成果。

在展馆序厅，大屏上播放着以蔡伦造纸为故事主线打造的裸眼 3D 视频，配合真人舞蹈表演，虚实结合，让文化插上科技的翅膀，再现千年前的造纸场景。在非遗数字体验展区，千年烟火艺术遇上数字技术，上演一场浪漫烟花秀。与此同时，3D 陶瓷打印、AR 湘绣、戏曲机器人等“非遗＋科技”应用成果亮相展会，引发观众驻足观赏，人气爆棚。尤其是戏曲机器人搭配少儿戏曲学员表演，萌态加倍。

在非遗生活家展区，两室两厅现代居家空间把客厅、餐厅、卧室、书房“搬”到博览会现场，展示了湖南 80 个非遗代表性项目 200 余件非遗作品。由衡阳祁剧团沉浸式表演的节目《幸福的一家》，在温馨笑语中传递非遗家居生活美学理念。

为促进非遗创造性转化、创新性发展，第三届湖南非遗博览会专门设置非遗“双创”空间，邀请研培院校、文创企业参展，展示“时尚”“巧工”“趣玩”三大类别文创产品，让游客“看得见、摸得着、能体验、可带走”，通过抖音网红引流，线上线下联动，让更多非遗特色产品连接市场、打开销路，赋能文旅产业提质升级。

案例十三

2024年丹寨非遗系列活动盛装巡演“亮”非遗

2024年7月21日至26日，丹寨县“2024年丹寨非遗系列活动”举办，活动以“非遗·在时尚中闪光”为主题，由丹寨县苗学会、丹寨县文化和旅游协会、丹寨县非遗保护协会主办。2024年丹寨非遗系列活动旨在巩固、扩大历届“中国丹寨非遗周”成果，促进丹寨非遗保护传承与创新，增进民族团结，推动非遗与旅游深度融合发展，提升“度假到丹寨”品牌知名度。

2024年丹寨非遗系列活动分为非遗盛装巡游展演、非遗系列活动、“粤黔一家亲”文化交流活动、中国煤矿文工团走进丹寨四大模块。其中，有“百项非遗进小镇”展示展演、非遗时装秀、非遗服饰大赛、“芦笙铜鼓之夜”、乡村趣味主题活动、非遗中医苗医义诊等11个子活动。活动当天，县城锦鸡文化广场至万达小镇锦鸡广场之间约3公里的巡游道路两旁，人潮如织，欢呼呐喊之声交织起伏，场面热闹非凡。来自全州15个县（市）、丹寨县7个乡镇的8100余人组成55个方阵，身着各民族的传统服饰，步伐整齐划一，满载着对民族文化的自豪与热爱，让沿途观众感触中华文化的深厚，触摸传承千年的古老文明。此外，本次活动还特别邀请了广东醒狮、佛山咏春拳、十番音乐以及福建游神等省外国家级非物质文化遗产项目前来助阵，共同为活动增添了丰富的文化色彩。

2024年丹寨非遗系列活动通过丰富多元的非遗展示和互动体验活动，将本土非遗和全国非遗结合起来，让群众深入了解非遗、直面传统技艺，提升非遗保护的意识，打造贵州民族文化品牌，传承城市历史文脉。有效带动丹寨文旅融合，实现夏季旅游井喷式发展。

案例十四

2024 中国非遗面食大会 解锁非遗美味

2024 年 8 月 23 日～9 月 8 日，中国非遗面食大会（以下简称“面食大会”）在太原市举办，此次大会以“乐享非遗　面向未来”为主题，由中国烹饪协会与山西省文化和旅游厅共同主办，通过中国非遗面食技艺秀、中国面塑艺术展、百店百面非遗美食周等主题活动，全面展示中国面食文化的博大精深，创新传承非遗面食技艺。同时，通过开展非遗面食展销、体验品鉴、惠民活动等，创新消费场景，让市民和游客在烟火气中感受非遗面食的魅力，领略中华优秀传统文化。

中国非遗面食大会开幕式展示了由 106 家餐饮企业共同制作完成的花馍、栲栳栳等多种非遗面食、特色美食在热气腾腾的蒸笼里来了个“大荟萃”。此次活动匠人群众齐上阵，老少行家同亮相。现场举办的中国非遗面食技艺秀是面食大会的重头戏，吸引了来自山西旅游职业学院、丽华大酒店、迎泽宾馆等学校、企业的 150 余名学生、面艺从业者、面食技艺非遗代表性传承人以及现场群众的参与。参赛选手们进行了刀削面投篮、剔尖钻铜钱、双柄刀拨面等面食技艺表演。多位业内大师为参赛选手裁判、点评。面食技艺秀不仅成为专业人员技术提升、经验交流的平台，更成为一场人人参与、主客共享的面食分享会。

为期 7 天的“百店百面非遗美食周”同步启动。林香斋、忆江南等太原市 100 多家餐饮酒店、企业门店推出非遗面食、非遗菜品折扣优惠促销活动，同时还有省内外代表性非遗面食开展驻店交流体验，邀请消费者进店品鉴，开启一场舌尖上的非遗美食之旅。此外，在美食品鉴区，周村烧饼、驴打滚、十八街麻花等来自山东、北京、天津等地的 25 种非遗面食供游客免费品尝；在展销区，郭杜林晋式月饼、一窝丝等山西省非遗面食以及清徐粑饼、定襄粉蒸肉等 40 多种特色美食，引得大家争相购买。

案例十五

2024“二月二”老龙头全国舞龙大会彰显中华龙文化传承

2024 年 3 月 11 日，由文化和旅游部非物质文化遗产司、河北省文化和旅游厅、秦皇岛市人民政府主办的“盛世龙腾　山海同庆——2024‘二月二’老龙头全国舞龙大会”集中展演精彩上演，进一步鼓舞起全国人民奋发进取的精气神。

当天上午在秦皇岛山海关老龙头景区澄海楼前，来自北京、天津、山西、辽宁、山东、河南、四川等地的舞龙队纷纷上场。与此同时，新疆库尔勒赛乃姆、内蒙古安代舞、吉林朝鲜族农乐舞、广东普宁英歌舞，以及河北井陉拉花、沧县狮舞、沧州中幡、昌黎地秧歌等非遗表演队伍在老龙头景区多点位、沙滩舞台进行了集中和拉街巡游表演。依山傍海之间，来自全国维吾尔族、蒙古族、朝鲜族等多个民族绚丽的身影在沙滩上旋转跳跃，音乐或婉转或铿锵或豪放，为广大游客奉上了一道传统文化的“饕餮”盛宴。

“二月二”老龙头全国舞龙大会还设置了长城主题非遗展区，游客可在“可观、可感、可触”的展区欣赏北京花丝镶嵌制作技艺、天津泥人张、甘肃石艺画、辽宁本溪桥头石雕、陕西安塞剪纸、河北秦皇岛丁记藤艺、河北丰宁布糊画等长城沿线 15 个省（区、市）的多类非遗作品；可在香味弥漫的非遗美食区，品尝青龙满族黏饽饽、昌黎赵家馆饺子、唐山棋子烧饼等龙文化美食、老字号美食、非遗美食和特色美食。

与此同时，河北省文化和旅游厅发挥长城非物质文化遗产保护传承弘扬协同机制秘书处工作职能，在文化和旅游部非物质文化遗产司的支持下，召集长城沿线 15 个省（区、市）举办长城非遗保护传承弘扬交流对话暨长城沿线非物质文化遗产保护传承弘扬协同机制 2024 年度活动，推动全国长城沿线各省（区、市）文化和旅游部门协同联动，使静态的长城本体与活态的长城非遗在国家公园建设中相得益彰。

案例十六

京津冀非物质文化遗产联展 “遗”脉同源启新篇

2024京津冀非物质文化遗产联展月（以下简称“联展月”）于2024年9月29日至12月15日在天津美术馆及文化中心广场举办。本次联展以“瓣瓣同心庆华诞 ‘遗’脉同源启新篇”为主题，由文化和旅游部非物质文化遗产司、中共天津市委宣传部、中共天津市委统战部指导，天津市文化和旅游局、北京市文化和旅游局、河北省文化和旅游厅联合天津市河西区人民政府共同主办，全方位展现京津冀非遗一脉同源的历史文化传承。

联展月分为展、会、演三大板块。“展”主要集中在天津美术馆一、二楼，持续至12月。其中，“非遗‘拾’光 遗脉同源”以二十四节气为主线，以时令古诗古谚展现生活方式，按照“春华”“夏盛”“秋实”“冬藏”四个分区，汇聚近百个京津冀特色非遗项目。“匠作‘拾’光 遗脉相连”邀请京津冀非遗传承人，现场展示非遗技艺。“‘拾’光造物 遗脉相承”展示传统医药非遗项目，同时融合天津礼物、京津冀非遗文创作品，展现独特的发展与创新方向。

“会”主要包括新闻发布会、联展开幕式、非遗研学团、非遗市集、非遗购物节等活动。京津冀非遗精品市集在国庆假期举办，邀请三地非遗项目以及大学生文创、潮玩等项目在文化中心广场展销。京津冀非遗购物节联合抖音平台，在文化中心广场搭建直播间，开展“非遗合伙人活动”。

“演”主要包括“拾”光前行——非遗大篷车，将各点位串珠成链，连续七晚巡游天津市旅游景点及购物中心；京津冀非遗社火巡演，邀请汉沽飞镲等非遗社火表演团体献艺；京津冀非遗主题之夜，汇集天津市文艺院团，打造京津冀非遗戏曲、京津冀曲艺、京津冀非遗杂技、京津冀非遗武术、京津冀非遗皮影、京津冀非遗服饰等不同主题文化之夜。

案例十七

第四届三亚南山非遗节 讲好海南非遗故事

2024 年 6 月 6 日至 12 日，由海南省旅游和文化广电体育厅携手 18 市县共同举办、三亚南山文化旅游区承办的，2024 年“文化和自然遗产日”海南非遗宣传展示暨第四届三亚南山非遗节有序举办。

为期 7 天的第四届三亚南山非遗节，是海南省 18 市县首次集体亮相、展示非遗保护成果的一次盛会。活动精彩纷呈，陆续向广大游客朋友呈现了：非遗文艺会演、海南非遗文创市集、非遗洗龙水嘉年华、南山非遗合伙人共创计划发布及与合伙人代表签约、南山非遗研学基地揭牌、非遗文创产品上线、海南黎锦东盟服装秀、海南南山非遗传承与发展高峰论坛、端午诗会、听禅音乐会、颂钵疗愈、“书福”体验、南山茶书院等内容，氛围浓厚。

2024 年是中国—东盟人文交流年。海南和东盟国家人文互通的地缘和人缘优势明显。为促进交流，三亚南山非遗节开展了海南・东盟非遗文创市集、海南黎锦・东盟国家传统服装秀等一系列活动。

三亚南山非遗节从无到有、从有向优，与国家非遗保护传承和发展同频共振，积极凝聚非遗领域的关注度，短短三年时间，已成为海南首个并且在国内具有较高知名度的非遗主题节庆品牌。非遗节活动期间，吸引了逾 5 万人次前来参观体验，取得了显著的社会效益、文化效益和经济效益。

案例十八

陕西省首届非遗发展大会激活非遗激活“发展力”

2024 年 4 月 11 日，陕西省首届非遗发展大会在西安拉开帷幕，本届非遗发展大会以“勇担新时代文化使命　谱写非遗发展新篇章”为主题，由陕西省文化和旅游厅主办，并同步开启首届非遗年度盛典、全省非遗工作会议、非遗创新发展对话及非遗创新展示系列活动等四大板块 10 项覆盖全省的系列活动。

陕西省首届非遗发展大会有四大板块，包含成果发布、战略合作签约、文艺展演等内容。本着集约、高效的办会原则以及广泛持续扩大非遗传播力和影响力的目的，非遗年度盛典、全省非遗工作会议、非遗创新发展对话三大板块，在一天之内于不同地点分别开展；而非遗发展大会系列活动覆盖地域广、持续时间长，其中陕西非遗国潮展览等个别活动持续至下半年。陕西省首届非遗发展大会期间，发布了陕西省非遗年度人物、年度典型案例、优秀非遗工坊榜单；中国首部大型驻场观念演出《无界·长安》等 10 个案例获评“年度典型案例”；汉中藤编（制作）工坊、汪氏皮影非遗工坊等 10 个工坊获评“优秀非遗工坊”。在全省非遗工作会议上，公布了 2023—2025 年陕西省非物质文化遗产研究基地、非物质文化遗产传承教育实践基地、中小学优秀传统文化教育社会实践基地名单，并颁发牌匾。在非遗创新发展对话活动中，多位专家学者发表主旨演讲。

为营造全社会广泛关注陕西省首届非遗发展大会的浓厚氛围，全面宣传展示陕西非遗传承保护成果，陕西各地相继举办陕西非遗创新秀演、陕西非遗国潮展览、陕西非遗美食品鉴会、陕西非遗创新才艺展、陕西五地联合非遗展演展示活动、陕西首届“守艺人”传统手工技艺非遗大展、陕北民歌进京展等 10 项活动，进一步激发社会各界对非遗的关心关注，凝聚非遗创新发展新的合力。

案例十九

"激情彭州·龙兴龘龘"彭州非遗音乐大集点亮人民美好生活的新模式

2024 年 11 月 30 日，由中国非物质文化遗产保护协会、彭州市人民政府主办，彭州市文化广电体育和旅游局、成都濛江投资集团有限公司承办的激情彭州·龙兴龘龘——彭州非遗音乐大集（以下简称"大集"）在四川省彭州市盛大启幕。

此次大集由"炫技大舞台""非遗食神街""长廊音乐会""非遗动动手""非遗好物街"五大场景构成，全国百余项国家级、省市级非遗项目汇聚天府金彭。活动秉持"人民非遗　人民共享"的理念，打造出一个浓浓"文化味"、满满"烟火气"的集市，让广大市民和游客享受"好看、好听、好用、好吃、好玩"的"五好"非遗大集，展现彭州文旅的丰厚民俗与多元融合，为市民、游客带来一场生动别致的非遗之旅。

活动亮点纷呈，众多非遗展演悉数登场；建阳建盏、蔚县剪纸、彭州白瓷等制作技艺巧夺天工；更有驴肉火烧、津老味煎饼馃子、桂林米粉等风情美食打造舌尖盛宴……全方位展示了"非遗 +"模式助力非遗"活"起来、点亮人民美好生活的新模式。此外，"非遗 + 科技"展现彭州城市底蕴，无人机大赏带来"好事从天降"的连番惊喜，打造更加丰富和独特的沉浸式文化体验。

除非遗音乐大集外，由中国非物质文化遗产保护协会、中国光彩事业基金会举办的"全国青年非遗传承人扶持计划"交流展示活动也同步举行，活动包括扶持计划项目成果展览和工作交流会、青年非遗传承人作品展，旨在促进青年非遗传承人互学互鉴、加快成长，汇聚社会力量助力非遗保护、传承和创新发展。

"激情彭州·龙兴龘龘"彭州非遗音乐大集是文化和旅游部"多彩中国　佳节好物"文化和旅游贸易促进活动"彭州音乐之旅"活动的重要组成部分，将有力推动非遗走进生活，贴近群众，打造属于非遗传承人和老百姓的非遗节日。

案例二十

首届黄河非遗美食月
跨省联动讲好“黄河故事”

2024 年 8 月 31 日，全国首届黄河非遗美食月（以下简称“美食月”）在包头金街启幕。黄河蜿蜒万里、横贯九省区，不仅是中华文明的摇篮，更是非遗的荟萃之地。沿黄九省区、33 个城市，各具风情，美食如云，非遗璀璨夺目。首届黄河非遗美食月由文化和旅游部指导，内蒙古自治区文化和旅游厅、包头市人民政府主办，包头市文化旅游广电局、东河区人民政府承办，活动历时一个月。

美食月期间，来自黄河流域九省区和北京市的非遗商家、文创企业以及非遗代表性传承人 200 余人参加活动，100 多项非遗项目盛大展出，共同讲好黄河故事，赓续历史文脉。为了更好地宣传黄河文化、非遗技艺和产品，形成区域大合力、大协唱，活动精心策划了“1+5+N”的展陈模式，由一条金街美食旅游动线，串联起“舌尖、巧工、悦目、腔调、灵动”五大非遗主题板块，包含五个一站式亮点互动打卡区，融合 N 个非遗特色活动，让游客在品尝美食的同时，也能深入体验非遗的独特魅力。

活动现场，人潮涌动，热闹非凡。走进包头金街的“舌尖 · 非遗”美食区，来自各地的非遗美食传承人纷纷亮出自己的拿手绝活，从四川的麻辣火锅到陕西的油泼面，从山东的煎饼馃子到内蒙古的手扒肉，每一种食物都蕴含着地域文化的精髓，每一个制作步骤都饱含了对传统的敬畏和热爱。

首届黄河非遗美食月活动，对黄河文化是一次深度和广度的延展，不仅讲好“黄河故事”，也激发了当地文旅新活力。首届黄河非遗美食月是非遗与现代生活交融的桥梁，促进“非遗 + 旅游”碰撞出更有趣的火花。

致　谢

2024年，在我国加入《保护非物质文化遗产公约》20周年之际，中国非物质文化遗产保护协会推出《中国非物质文化遗产传播蓝皮书2024》，引发热烈反响。基于持续推动非遗保护与传播工作的考虑，今年继续组织编撰了《中国非物质文化遗产传播蓝皮书2025》。

为了打造一本“非遗传播类”精品蓝皮书，协会本着科学、求实、严谨的态度，组织第三方科研机构中国文化传媒集团研究院和抖音、快手、微博、淘宝天猫等互联网平台，借助中国文化传媒集团研究院、字节跳动公益、快手泛知识内容中心、微博非遗运营团队、阿里巴巴等团队力量，基于公开的网络大数据，以客观统计的方式，对非遗传播实践探索及其成果经验进行系统梳理和总结，完成了本书的编撰。在此，对相关团队的积极贡献、成员的辛苦努力，表示诚挚感谢。

策划编辑：王　丛
责任编辑：陈　冰
责任印制：冯冬青
封面设计：谭雄军

图书在版编目（CIP）数据
中国非物质文化遗产传播蓝皮书．2025 / 中国非物质文化遗产保护协会编著．-- 北京：中国旅游出版社，2025. 9. -- ISBN 978-7-5032-7647-7
Ⅰ．G122
中国国家版本馆 CIP 数据核字第 2025FS6973 号

书　　名：中国非物质文化遗产传播蓝皮书．2025

作　　者：中国非物质文化遗产保护协会　编著
出版发行：中国旅游出版社
（北京静安东里 6 号　邮编：100028）
https://www.cttp.net.cn　E-mail: cttp@mct.gov.cn
营销中心电话：010-57377103，010-57377106
排　　版：北京中文天地文化艺术有限公司
印　　刷：北京金吉士印刷有限责任公司
版　　次：2025 年 9 月第 1 版　2025 年 9 月第 1 次印刷
开　　本：787 毫米 ×1092 毫米　1/16
印　　张：10
字　　数：150 千
定　　价：68.00 元
I S B N　978-7-5032-7647-7